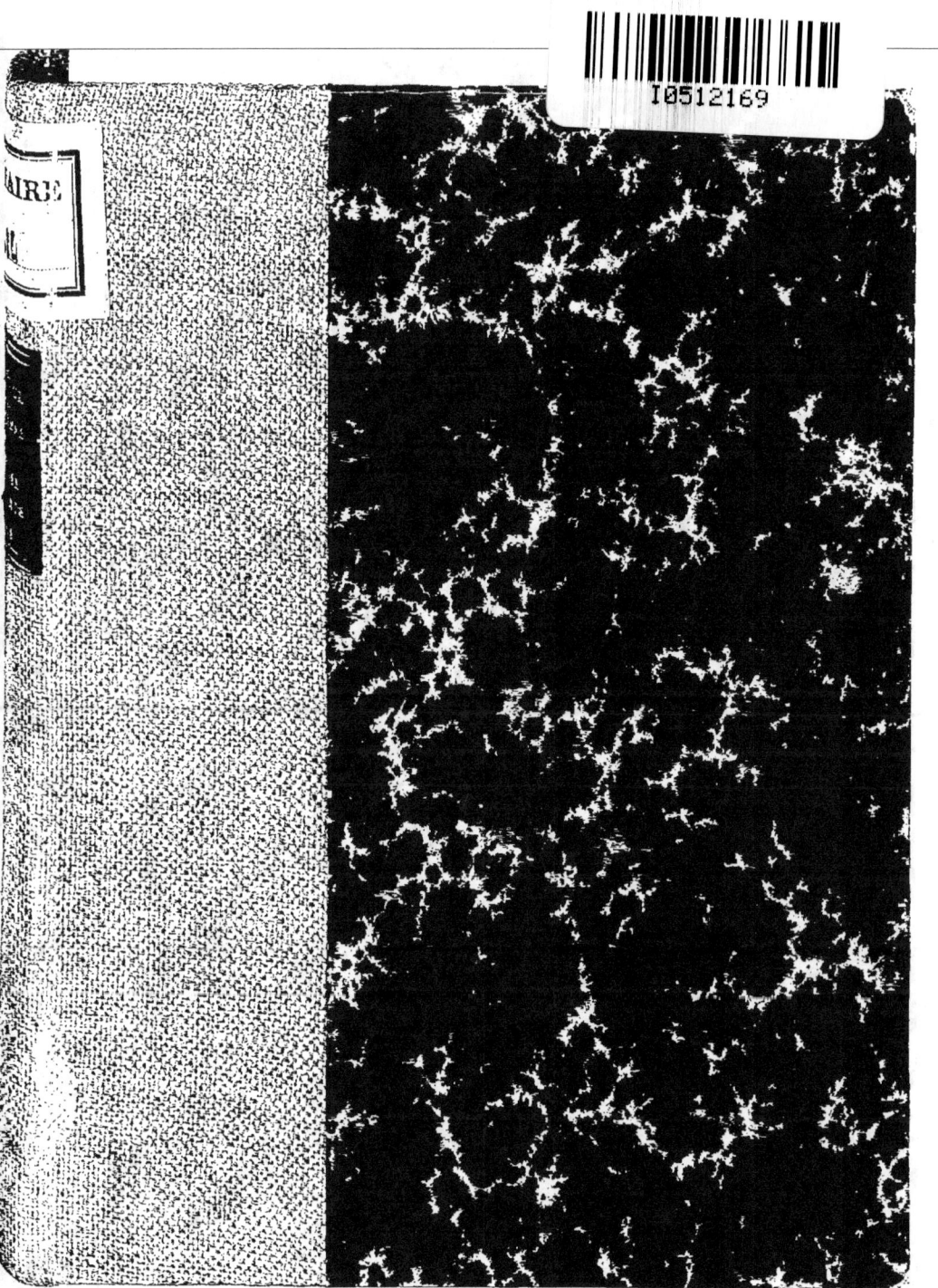

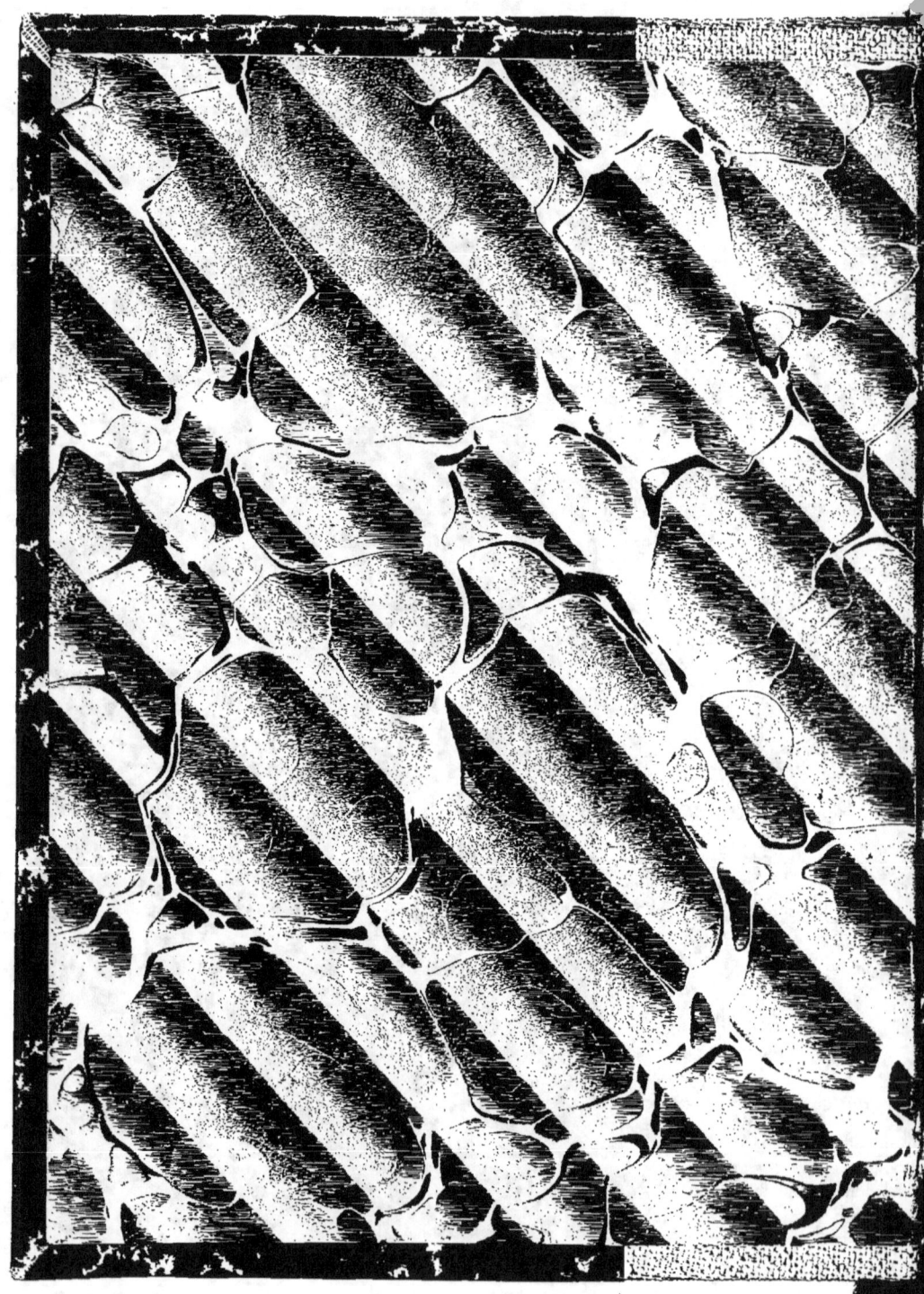

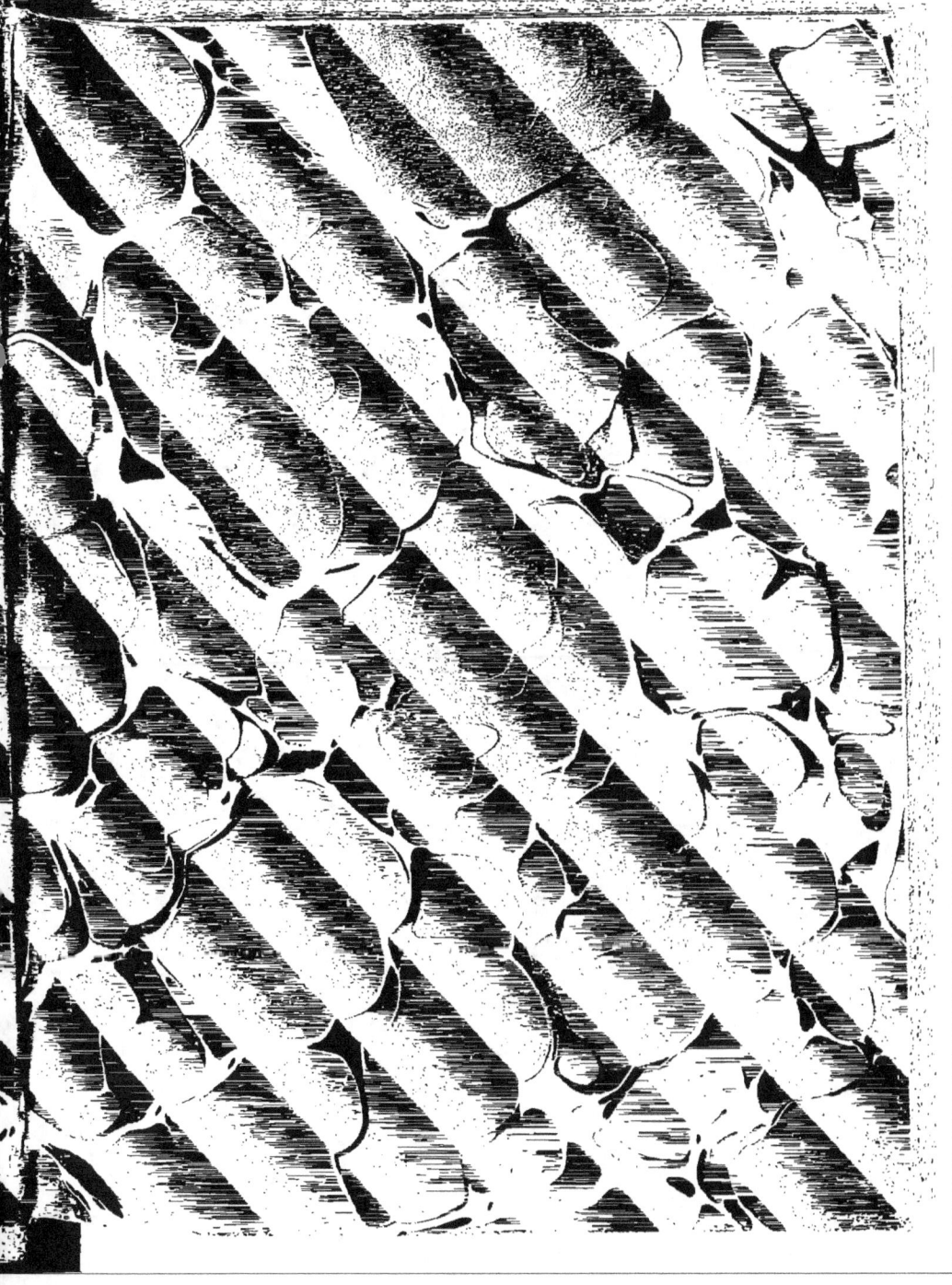

24814

LA
DANSE DES MORTS.

CETTE ÉTUDE

ACCOMPAGNE UNE ÉDITION DES GRAVURES

QUE

M. J. SCHLOTTHAUER,

Professeur à l'Académie de Munich,

A DONNÉES

DE

LA DANSE DES MORTS

D'HOLBEIN.

PARIS. — IMPRIMERIE DE BOURGOGNE ET MARTINET,
rue Jacob, 30.

ESSAI

SUR LES

POËMES ET SUR LES IMAGES

DE LA DANSE DES MORTS;

PAR

Hippolyte Fortoul.

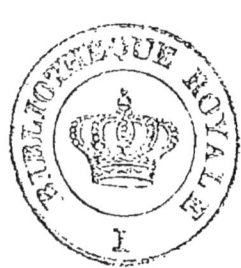

PARIS.
JULES LABITTE, LIBRAIRE-ÉDITEUR,
QUAI VOLTAIRE, 3.

1842

SOMMAIRE.

I. De la critique en matière de beaux-arts.

II. Première idée de la danse des morts.

III. *Trionfo della Morte* par A. Orcagna et par F. Pétrarque.

IV. *La danza général de la Muerte*, attribuée à Rabbi Santo.

V. De la danse.

VI. Les danses ecclésiastiques.

VII. La danse macabre.

VIII. Peintures gothiques de la danse des morts.

IX. Éditions gothiques de la danse macabre.

X. Hans Holbein le jeune.

XI. Les *Simulachres de la Mort*.

ESSAI

SUR LES

POËMES ET SUR LES IMAGES

DE LA DANSE DES MORTS.

I.

DE LA CRITIQUE EN MATIÈRE DE BEAUX-ARTS.

L'homme le plus simple, lorsqu'il est placé en face d'un objet d'art, ne peut s'empêcher de le juger ; dans son jugement, si grossier et si faux qu'il puisse être, interviennent les plus nobles facultés dont Dieu ait doué notre espèce, celles qui sondent le mystère de notre destinée, et qui, à travers les choses périssables, aperçoivent les choses éternelles. Ces facultés, l'ignorance les engourdit, une mauvaise culture les déprave; elles subsistent cependant chez les êtres qui s'appliquent le moins à les développer; il n'est pas de paysan, si endurci par la misère, qui, un jour, en considérant les œuvres de la nature ou celles de la civilisation, ne les mesure au sentiment de l'infini gravé dans le cœur de tous les hommes, et ne s'écrie, frappé du rapport de l'objet créé avec son type incréé : Cela est beau !

La critique la plus raffinée ne diffère pas essentiellement de cette opération des esprits ordinaires : tout ce qu'elle peut faire, c'est de répandre la lumière sur les vagues impressions de la sensibilité, de démêler dans ce qui n'est, pour la foule, qu'un sentiment confus, la loi des harmonies secrètes qui président aux créations de Dieu et aux inventions du génie. Qu'elle ne s'enorgueillisse point trop de ses prérogatives ! agissant sur des sensations communes à tous les hommes, la critique ne peut apprendre à ceux qu'elle a la prétention d'instruire, que ce qu'ils ont tous éprouvé. Le philosophe vraiment digne de ce nom, et que le vertige de la science n'a point égaré, sait bien que sa raison ne conçoit rien qui ne soit aussi déposé dans l'intelligence du vulgaire ; seulement sa raison connaît comment elle procède, tandis que l'intelligence du vulgaire ignore le travail qui, par des voies cachées, la conduit aux mêmes résultats.

Pour ne pas placer la critique trop haut, il faut craindre aussi de la mettre trop bas; beaucoup de personnes aujourd'hui ne se vantent de leur raison que parce qu'elles l'ont condamnée à ramper au-dessous même des instincts qui animent la multitude ; pour s'assurer de la sagesse de leur esprit, elles ont pris le parti extrême de lui défendre de penser ; elles ne seront satisfaites que lorsqu'elles auront vu ce régime salutaire se propager dans le monde et en garantir le repos. Vous devez parler d'une œuvre d'art ; si vous tenez à leur estime, bornez-vous à décrire, n'ayez pas la prétention de juger. A leur avis, des trois opérations de l'entendement, que Bossuet (1) reconnaissait dans l'homme, le créateur nous en a départi deux qui sont superflues ; il aurait dû lui suffire de douer d'attention un être qui, lorsqu'il a vu deux objets, n'a aucun intérêt à les comparer entre eux, et qui ne saurait surtout se fonder sur leur rapprochement pour rien affirmer de leur nature, de leur fin, du rang que tient leur destinée dans la destinée universelle.

Critiquer une œuvre, c'est montrer ses rapports avec la destinée de l'âme humaine et avec celle du monde. Vous voulez me faire connaître l'impression que cet ouvrage a produite sur vous; que m'importe? je vais opposer mon impression à la vôtre ; quelle sera l'autorité qui prononcera entre nous, si vous n'avez pas pris soin d'asseoir votre opinion sur quelque idée que je serai obligé de respecter, parce que, tenant à la constitution même de l'esprit humain, elle por-

(1) De la connaissance de Dieu et de soi-même.

tera le caractère de l'évidence. Vous voulez me dire quel est cet ouvrage, sans m'apprendre à quel genre il appartient, c'est-à-dire quelle place il occupe dans les grandes classifications de l'art ou dans l'ordre général des choses ; vous ne sauriez non plus mériter mon intérêt. Que me fait ce phénomène isolé, à moi qui me vois isolé à mon tour au milieu de ce chaos sous l'image duquel vous me peignez le monde ? Si la vie est courte, ce n'est pas la peine que j'en perde le moindre instant à vous écouter. Il me paraît prudent d'employer les moments qui me restent à chercher au dessus de toutes ces apparences quelque principe auquel je puisse rattacher mon existence prête à s'enfuir. Tout le reste est oiseux et insipide.

Lorsque la critique se trouve en face d'un objet d'art, alors surtout elle doit élever le ton, ne pas s'embarrasser de mots inutiles, chercher hardiment l'esprit même des choses. Si elle se borne à définir les procédés des artistes, elle fait une œuvre vulgaire à laquelle suffit la science qu'on peut acquérir en huit jours dans les ateliers. Si elle se prévaut du vague qui est le caractère de toutes les impressions délicates, pour se dispenser d'en faire le sujet d'un jugement sérieux, elle méconnaît les lois les plus simples de la nature. Ce n'est pas parce qu'elles sont indécises, c'est parce qu'elles sont générales que les sensations de l'art se prêtent difficilement à l'analyse. Répondant à ce qu'il y a de plus essentiel dans l'âme de l'homme et dans l'univers, elles doivent être ressenties par tous et ne se laisser expliquer que par le petit nombre : c'est cependant cette explication qu'il importe de donner. Kant l'a vu nettement ; l'étude des beaux-arts porte sans cesse l'esprit à la considération de la fin des choses (1). C'est par là qu'elle plaît aux intelligences fatiguées par les déceptions de la vaine science; c'est par là qu'elle a mérité d'être classée par Hegel au sommet des connaissances humaines, à côté de

---

(1) *Critice facultatis judicandi æstheticæ.*

la religion, avec qui elle partage le soin de ramener la création dans le sein de son auteur (1).

Mais plus j'élève cette science, plus aussi je veux lui donner une base solide ; je cherche pour elle un appui contre le danger des faux systèmes ; et il me semble qu'on n'en saurait rencontrer de meilleur que celui de l'histoire. Réduire la critique à enregistrer les unes après les autres, et sans chercher le lien qui les unit, les œuvres successives du génie humain, me paraît un excès tout semblable à la manie des gens qui veulent la borner à en décrire les contours ; il ne saurait me venir à la pensée de la rabaisser jusque là. Mais observer sur le grand théâtre de l'histoire les modifications de la vie intérieure de l'âme humaine, suivre à travers les siècles le jeu des phénomènes de la conscience, mesurer aux âges de l'espèce les pas que l'individu, dont elle est l'image, fait vers le but suprême, me semble une tentative en tout digne de notre temps.

(1) *Encyclopédie.*

En exprimant ce vœu, je n'entends rien proposer de nouveau, mais seulement, comme je l'ai dit ailleurs, je veux rappeler quelques idées que je vois chaque jour mises en oubli par ceux-là mêmes qui ont reçu la mission de les défendre. Winckelmann avait déjà compris, au dernier siècle, que toute la théorie de l'art peut se réduire à la théorie des époques ; lorsqu'on lit son ouvrage, on sent que cette pensée, qu'on y voit percer partout, lui assurera une jeunesse éternelle, semblable à celle des chefs-d'œuvre auxquels il est consacré. Winckelmann connaissait tout ce que les philosophes et les rhéteurs de la Grèce ont écrit sur le sentiment du beau, sur la source divine vers laquelle il fait refluer nos pensées, sur les canaux divers par lesquels il en découle pour se répandre parmi les hommes. Dans son livre à peine fait-il allusion à ces systèmes ; cependant il n'y dit rien qui ne les rappelle ; à leurs principes abstraits il a substitué des vérités historiques qui n'en sont que la traduction; et d'une science métaphysique, accessible à peu de gens, il a fait ainsi une étude toute positive, où les moins habiles se sentent à l'aise. Il ne reste qu'une difficulté : séparées des idées dont elles émanent, les classifications de l'*Histoire de l'art* ne sont plus que de vaines nomenclatures ; et si on ne sait pas ce que Denys d'Halicarnasse appelle le sublime, la grâce et le beau, on ne peut non plus comprendre ce que Winckelmann veut dire avec la première, la seconde et la troisième époque.

A ce compte, le nombre des personnes qui entendent l'illustre auteur allemand n'est point encore très considérable. J'ai entendu des critiques demander qu'on leur démontrât ce qui forme les éléments mêmes de leur art, et blâmer, comme une invention de nos jours, ce qui est, depuis plus de deux mille ans, le patrimoine commun de tous les hommes qui pensent, le fondement inébranlable de toutes leurs spéculations et de toutes leurs découvertes. Vouloir contredire à tout prix, préférer l'erreur qui vous en fournit les moyens à la vérité qui vous réduirait au silence, employer même le mensonge lorsque l'erreur ne suffit plus, sont peccadilles de tout temps tolérées dans les débats littéraires; cependant il fallait autrefois, pour être reçu à les commettre, prouver qu'on était au courant des choses, et que, si on embrassait le faux, on serait aussi capable de faire triompher le vrai. Sans doute il est commode de repousser ce qu'il faudrait prendre la peine d'étudier; mais quand on aspire à donner des leçons, il semble qu'on devrait tout au moins avoir ouvert les livres des maîtres de la science.

La théorie des époques, tracée par Winckelmann, exercera long-temps encore les méditations des esprits sérieux. Je n'y voudrais ajouter qu'un amendement, qui a été préparé par de savants travaux et que le goût de notre temps a rendu nécessaire. Dans les œuvres de la Grèce et de Rome, on a eu à juger jusqu'ici une civilisation où l'homme, épris de lui-même, voyait tout à travers les formes finies de son entendement et même de son corps. Mais cette civilisation n'a point été la seule que l'art ait illustrée par ses merveilles ; avant qu'elle brillât, l'Orient avait eu des empires qui s'étaient éveillés et éteints dans le sein du panthéisme ; et lorsqu'elle eut disparu, le Moyen-Age ralluma sur les autels du Dieu de l'esprit ce culte de l'infini que l'Asie avait entretenu dans les temples des Dieux de la matière. Winckelmann avait déjà rencontré le génie de l'Orient dans les ouvrages de l'Égypte ; mais partagé entre l'admiration qu'ils lui inspiraient et l'impossibilité où il était de les faire entrer dans les classifications de l'art grec, il négligea de caractériser leur principe, de peur de se voir forcé à le condamner. L'illustre élève de ce grand maître, M. Quatremère de Quincy, a fixé son regard sur les monuments du Moyen-Age (1), et, poussé par l'esprit de son siècle, il n'a pas hésité à les blâ-

(1) *Dictionnaire d'architecture*, article *Architecture gothique.*

mer : mais par la critique qu'il en fait, on les connaît mieux que par tous les éloges que nous avons entendus depuis ; et après la définition qu'il en donne il semble qu'il ne reste plus rien à dire, sinon que cette définition même est un principe qui, pour se soustraire aux règles de l'Antiquité, peut néanmoins former un véritable système, et, à ce titre, mériter le respect et l'étude. Comparer les époques où l'art est au service d'une civilisation marquée du sceau de l'infini, à celles où il exprime une civilisation réglée sur les conditions finies de la nature humaine, telle est, à ce qu'il me paraît, la tâche principale et nouvelle de la critique contemporaine. Placés à l'issue de cette grande révolution de la Renaissance qui a donné à l'expansion indéterminée du génie chrétien les limites du goût antique, nous sentons que, dans le domaine de l'art non plus que dans celui de la philosophie, nous ne pourrions, sans abdiquer une partie essentielle de nous-mêmes, adhérer à une doctrine qui exclurait ou l'élément infini du

Moyen-Age, ou l'élément fini de l'Antiquité, désormais confondus dans notre esprit et jusque dans notre sang.

Je me propose, dans l'étude présente, d'indiquer, par quelques traits rapides, comment ces deux termes ont concouru à former l'un des ouvrages les plus originaux que l'art moderne ait produits. La *Danse des Morts* a été, de notre temps, l'objet de recherches savantes auxquelles il n'a manqué peut-être que le sentiment des lois qui président au développement de l'art. Après le livre de M. Peignot (1), celui de M. Douce (2) semble avoir épuisé tout ce que l'érudition pouvait nous apprendre sur ce sujet. C'est maintenant à la critique à s'en emparer, et à lui assigner sa place dans l'histoire et dans la théorie de l'art. Il est à présumer qu'après une

(1) *Recherches historiques et littéraires sur la Danse des morts*, par M. Peignot. Dijon, 1826.
(2) *The Dance of Death*, by Francis Douce. London, 1833.

déclaration si expresse on ne pourra pas se tromper sur le dessein que j'ai conçu. Un ouvrage où l'on se servait de quelque connaissance des pays étrangers pour prouver la supériorité du nôtre, où l'on démontrait, par exemple, que les monuments qui sont considérés par l'Allemagne comme la création de son génie et le type même de tous ses arts, sont de pures imitations de l'architecture française, a subi naguère le reproche de faire une trop petite part au génie et aux idées de la France. Je ne veux pas exposer au même malheur cet essai où les mêmes opinions seront reproduites : et c'est pourquoi, au risque de paraître affecter une gravité excessive, j'ai pris le parti de présenter ici, avec le moins de mots qu'il m'a été possible, les principes qui forment la tradition de la véritable école française, et dont je vais pouruivre l'application.

II.

PREMIÈRE IDÉE DE LA DANSE DES MORTS.

Il faudrait remonter bien haut, si l'on voulait retrouver les premiers monuments où l'art a essayé d'exprimer d'une manière un peu étendue la pensée de la mort. Les Egyptiens, pour ne pas aller plus loin, paraissent avoir eu cette idée présente en façonnant tous les ouvrages qui sont sortis de leurs mains, et qui portent l'empreinte de la mélancolie de leur caractère, autant que celle de la grandeur de leur empire. Rien ne ressemble plus à nos Danses des Morts que les peintures dont ils ornaient leurs gigantesques tombeaux, et où ils écrivaient non seulement la vie de leurs héros, mais encore les dogmes de leur religion. Doués d'un génie moins profond, les Grecs ne laissèrent pas que de graver dans leurs sépultures les symboles de leur culte et les espérances de leur philosophie. Ils avaient des formes heureuses pour rappeler aux yeux ces tristes mystères; il semble que c'est pour leurs tombeaux qu'ils avaient inventé l'ordre ionique, de tous le plus doux et le plus élégant; souvent le papillon était l'emblème qui consacrait à la mort les marbres où ils venaient pleurer. On peut croire que lorsqu'ils les couvraient de compositions développées, ils y représentaient plus volontiers les événements de l'histoire que les enseignements du sacerdoce : ainsi on peut s'assurer par le voyage de Pausanias qu'Éaque était peint sur les murailles de son tombeau, non point assis, comme juge, au tribunal des enfers, mais entouré, comme roi, des députés des villes grecques qu'il avait délivrées de la peste et de l'incendie. Les peuples de l'antiquité associaient les danses aux funérailles; leurs poëtes mêlaient l'image de la mort aux plaisirs, pour les rendre plus vifs, et, poursuivant ce mélange au-delà même de la vie terrestre, ils aimaient à penser que les ombres continuaient dans les Champs-Élysées leurs jeux interrompus ici-bas :

Pars pedibus plaudunt choreas et carmina dicunt (1).

On a retrouvé en Italie des bas-reliefs, des bronzes, des peintures qui réalisent l'idée du poëte, et qui représentaient des danses de squelettes (2). Ne doit-on pas reconnaître dans ces ouvrages l'influence du sombre esprit de l'Etrurie? La Grèce aurait-elle montré le spectre? ne l'aurait-elle pas caché sous les fleurs?

Si ce sont les Etrusques qui ont fourni la première idée de la danse des morts, les chrétiens étaient naturellement disposés à la féconder. Pendant trois siècles, ils moururent au milieu des fêtes du paganisme, et ils peignirent leurs glorieux supplices dans les catacombes. Après le triomphe, à peine avaient-ils commencé d'inspirer un esprit nouveau à la société, qu'ils la

(1) Virgil., *Enéide*, liv. vi.
(2) Voyez, sur la Danse des squelettes de Cumes, M. Peignot, p. xviij.

virent s'écrouler sous l'effort des Barbares, et qu'ils furent eux-mêmes en proie, le lendemain de leur victoire, à des malheurs plus terribles et plus longs que tous ceux de la persécution. Ce fut surtout alors, sous le coup répété des invasions, que leur imagination s'assombrit; ils purent croire que la mort, qu'ils avaient si long-temps bravée, allait ressaisir avec eux la civilisation et le monde tout entier. Les terreurs de l'an mille furent le dernier accès de cette désolation universelle qui pesait sur l'Occident depuis le ve siècle, et qu'interrompirent seulement de loin en loin de courtes lueurs d'espoir données à la race humaine par le génie de quelques grands princes. Pendant cette longue période, où le deuil régna sur la terre, les hommes songèrent peu à exprimer par des œuvres d'art leurs pensées ramenées en eux-mêmes par l'attente d'une fin prochaine; à peine prirent-ils le temps de peindre au fond de leurs sanctuaires leur Dieu irrité et menaçant; mais ils amassèrent dans leur âme des trésors de tristesse qui devaient bientôt se répandre sous toutes les formes.

Cependant lorsque les frayeurs de cette redoutable époque eurent été calmées, on ne vit d'abord paraître partout qu'une activité extraordinaire. Le travail, qui jusque là s'était poursuivi sourdement au sein des populations rajeunies par la conquête, éclata au grand jour. Les nations, recomposées par les mélanges de la barbarie, firent un dernier et victorieux effort pour échapper à ce tyrannique souvenir de l'empire romain que les Barbares eux-mêmes avaient contribué à prolonger, et qui commençait seulement alors à se dissiper. Les langues nouvelles se dégagèrent du sein de la langue antique, comme pour seconder l'essor des peuples dont elles étaient l'expression. Leur esprit, non moins prompt à s'affranchir, s'agita dans les liens que la religion leur avait donnés, et, avec les scolastiques, se mit à raisonner le christianisme, quelquefois à le déchirer. Bientôt l'art lui-même couronna ces premières tentatives d'indépendance par des merveilles qu'on n'avait point encore vues ; le plein cintre romain fut brisé en même temps que l'ancienne civilisation dont il était l'emblème ; et dans les temples renouvelés comme les hommes qui allaient y répandre leurs prières, l'ogive s'élança avec une audace qui porta jusqu'au ciel le témoignage de la puissance du génie moderne.

Tant de liberté commençait aussi à inquiéter l'Église, qui voyait les esprits tourmentés de je ne sais quel besoin de tout refaire, et qui craignait, non sans raison, des mouvements dont elle n'avait plus la direction suprême. Elle crut avoir remis l'Europe sous son autorité, en l'entraînant dans l'expédition des croisades. Mais tandis qu'elle poussait vers l'Orient les barons et les manants qui devaient, dans des combats lointains, prendre une nouvelle confiance en eux-mêmes, les écoles retentissaient de disputes qui n'allaient à rien moins qu'à détruire le principe au nom duquel elle remuait de si grandes forces. Abailard agitait le nord de la France; l'hérésie des Albigeois en soulevait le midi. Le clergé régulier, qui avait été associé depuis long-temps à la fortune de la société civile, et qui, partageant ses priviléges, avait intérêt à conspirer pour son indépendance, n'était pas le moindre obstacle que Rome rencontrât dans ses desseins. Les ordres monastiques, séparés du monde, étrangers à ses idées et à ses calculs, étaient la seule milice qu'elle put sûrement employer à le gouverner. Au xiie siècle, saint Bernard montra quelle pouvait être la puissance d'un moine qui unissait le génie à la piété; mais les grandes agitations de sa vie prouvent aussi suffisamment avec quelle force l'activité de l'esprit humain qui débordait partout, tendait à se dérober à la tutelle de la papauté.

Dans les premières années du xiiie siècle deux ordres nouveaux furent constitués, qui héritèrent de la mission de saint Bernard, qui la poursuivirent avec une intelligence et un éclat extraordinaires, et qui firent une des révolutions les plus étonnantes dont l'histoire de notre civilisation puisse conserver le souvenir. Un Italien et un Espagnol, qui avaient fréquenté les écoles de la France, saint François et saint Dominique, conçurent la pensée de conserver à l'Église le monde qui lui échappait. Leurs disciples (1), qui couvrirent presque aussitôt la surface de l'Occident, se proposèrent de vaincre la société par ses propres armes ; ils l'entraînèrent en prenant ses idées, en les développant avec talent et avec force, en les soumettant à la suprême direction de Rome. Ils s'associèrent à la politique qui avait

(1) Il n'est peut-être pas inutile d'avertir que les franciscains furent appelés frères mineurs par leur institution, cordeliers à cause de leur ceinture ; que les dominicains reçurent de leur fondateur le nom de frères prêcheurs, et prirent celui de jacobins de la maison qu'ils avaient à Paris, rue Saint-Jacques ; qu'enfin, ces deux ordres réunis ont été nommés plus tard ordres mineurs et ordres mendiants.

rendu les nations modernes indépendantes les unes des autres, et soutinrent cependant le patronage que la papauté voulait exercer sur elles; ils servirent les langues modernes en les établissant dans la chaire, où, du temps de saint Bernard, elles cédaient encore le pas au latin; ils adoptèrent la scolastique, et, tout en la maintenant dans les bornes de la foi, la poussèrent au plus haut point de subtilité, de raffinement, d'élévation; acceptant l'art ogival qui venait d'éclore, ils le portèrent dans les pays qui ne le connaissaient pas; et je ne doute pas qu'il ne faille leur savoir gré des perfectionnements que la science y ajouta, en même temps que du caractère exclusivement religieux qu'il conserva long-temps. Mais tout en secondant ainsi les vœux les plus nobles et les plus légitimes du siècle, ils combattaient ceux qui s'accordaient moins avec l'esprit du christianisme primitif, auquel il semble que, par certains points, ils voulaient revenir avec plus de violence que Luther n'en employa plus tard.

Ils prêchaient une égalité dont la féodalité devait s'accommoder assez mal, une abnégation et une austérité qu'il était difficile de faire pratiquer dans un temps où toutes les passions empruntaient des forces nouvelles à la civilisation naissante. Mais ils étaient aimés du peuple, dont ils partageaient la pauvreté et dont ils excitaient l'intelligence ; par lui ils devinrent bientôt les maîtres de la société.

La danse des morts fut une des inventions que ces moines employèrent le plus familièrement, pour captiver l'imagination des hommes, et pour ramener leurs esprits aux austères vérités du christianisme. Elle devint tout à la fois, entre leurs mains, un symbole de l'égalité qu'ils annonçaient, une protestation contre l'orgueil du siècle qu'ils venaient humilier, un avertissement de la vie éternelle au nom de laquelle ils niaient la vie présente. Tel était, à n'en pas douter, le but qu'ils se proposaient. Pour l'atteindre, ils mirent en œuvre une donnée probablement plus ancienne, et à l'origine de laquelle il est moins facile de remonter.

En France, où prirent naissance tous les grands mouvements du xi{{e}} siècle, et la réaction qui suivit, courait, pendant le xiii{{e}} siècle, une légende connue sous le titre de : « *Les trois morts et les trois vifs.* » Parmi les manuscrits de la Bibliothèque du Roi, on peut la voir mise en vers par Baudouin de Condé et par Nicolas de Marginal. Ces trouvères n'avaient fait que donner deux versions différentes d'un récit répandu, selon toute apparence, par les moines, et dont voici l'abrégé. Un pieux solitaire avait eu une vision dans laquelle trois princes de la terre allant à la chasse, à cheval, le faucon au poing, avaient aperçu, au milieu de la forêt, trois morts se dresser, dépouillés et nus, devant eux, pour leur faire comprendre en quel misérable état leurs richesses ne les empêcheraient pas de tomber un jour. On conçoit tout le parti que les frères prêcheurs pouvaient tirer d'une semblable narration pour épouvanter une société toute fière des premiers progrès qu'elle faisait d'elle-même vers les lumières et la puissance de la civilisation. Comment les artistes interprétèrent-ils la légende monacale? C'est ce qu'il faut voir maintenant.

III.

TRIONFO DELLA MORTE,

Par André Orcagna et par François Pétrarque.

Le Dante fut l'écho de la révolution que les ordres mineurs firent dans l'état de la chrétienté : son enfer nous donne une idée fidèle de leur audace contre les puissances du siècle ; son paradis nous initie aux plans qu'ils avaient conçus pour la réforme de l'Église et du monde (1). Qui ne sait pas le rôle que les franciscains et les dominicains ont joué dans les derniers siècles du Moyen-Age, ne peut se vanter de comprendre la Divine Comédie.

(1) Voyez particulièrement les chants x, xi, xii, xiii du *Paradis*, que j'appellerais volontiers la clef du poëme du Dante ; voyez encore les chants xxxi et xxxii pour les liens qui rattachent à saint Bernard la mission des dominicains et des franciscains.

Un artiste de Florence, qui peut passer pour l'élève du Dante, tant il s'était nourri de sa lecture, André Orcagna, a laissé vers le milieu du xive siècle, sur les murailles du Campo Santo de Pise, des peintures où l'on peut voir que, comme son maître, il était tout plein de cette terrible poésie du christianisme primitif, remise en honneur par les frères mendiants. Il traça dans une même page, et l'un auprès de l'autre, le jugement universel et l'enfer, dont ces moines entretenaient sans cesse l'imagination du peuple. A leur voix on avait vu les mêmes représentations remplacer, dans la décoration des temples, les figures purement symboliques de l'art byzantin, et paraître jusque dans ces solennités des *mystères* qui préludaient aux gloires de notre théâtre.

Orcagna peignit, dans une seconde composition, un sujet qui, presque partout, se produisit avec ceux-là, mais auquel on donna, au-delà des Alpes, une forme particulière. Les Italiens l'appellent encore aujourd'hui le Triomphe de la Mort. Au milieu du tableau, la Mort, vêtue de noir, armée de sa faux, semble s'abattre sur la terre avec un élan irrésistible ; elle plane sur un amas de victimes, parmi lesquelles le peintre, organe des sévères avertissements de l'égalité monastique, a placé pêle-mêle les papes, les empereurs, les rois, les reines, les abbesses, tous les hauts dignitaires de l'ancienne société. La Mort dédaigne les cris d'une multitude de malheureux qui l'implorent, et dirige son vol vers une charmante retraite, où, sur l'herbe émaillée de fleurs, à l'ombre d'une forêt d'orangers, des seigneurs goûtent tous les plaisirs, tenant sur leurs mains de beaux oiseaux, écoutant les sons des instruments, et regardant leurs dames que des amours menacent de leurs flèches. En face de cette peinture des jouissances du monde, l'artiste a placé dans la partie opposée de son œuvre une haute montagne habitée par des ermites, qui, sous le costume des premiers temps du christianisme, représentent les austérités opposées par les ordres nouveaux aux débordements du siècle. Ces saints sont plongés dans la lecture, la prière et la contemplation ; d'autres se livrent à de rudes travaux pour soutenir leur existence. Au bas de la montagne, saint Macaire, l'un des premiers solitaires de l'Égypte chrétienne, et l'un des fondateurs de la théologie ascétique, renouvelée dès la fin du XIIIe siècle par les disciples de saint François, arrête trois rois qui vont à la chasse avec leurs maitresses. Il leur montre dans trois sépulcres, contre lesquels leurs chevaux viennent se heurter, trois cadavres de rois, dont le premier est enflé par la putréfaction, l'autre déchiré par les vers, le dernier réduit au squelette, comme pour témoigner des hideux et rapides effets de la mort. L'horreur se peint sur le visage des princes qui font cette rencontre, et l'un d'entre eux se bouche le nez avec la main pour ne pas sentir la puanteur qui s'exhale des tombes découvertes. Il est difficile d'exprimer d'une manière plus claire et plus frappante l'opposition qui s'était alors établie entre la société séculière, enivrée de ses biens nouveaux, et la société monastique, qui ne voulait admettre d'autre biens que ceux du ciel.

On voit qu'en figurant ainsi les sentiments de son époque, l'Orcagna avait emprunté à la France la légende des trois morts et des trois vifs. Il est à croire aussi qu'il exerça à son tour la plus grande influence sur la manière dont la France développa plus tard la même légende. Les papes, les empereurs, les abbesses, qu'il avait représentés vaincus par la mort et étendus au-dessous d'elle, parurent bientôt debout, il est vrai, et avec des attitudes toutes nouvelles, dans les compositions que les nations du Nord consacrèrent au même sujet. Le nom de saint Macaire, qui joue le principal rôle dans l'œuvre de l'artiste florentin, s'altéra dans la bouche du peuple, et se changea en celui de Macabre, qui se répandit au siècle suivant.

Mais si cette peinture de l'Orcagna a contribué à avancer la composition de la danse macabre, elle en diffère par des traits qu'il suffira d'indiquer brièvement. Tandis que par la pensée elle se rattache à tout l'ordre du Moyen-Age, par la forme elle appartient déjà à la Renaissance. La symétrie qui y préside, l'antithèse marquée des plaisirs du monde et du recueillement des anachorètes, les amours qui volent avec leurs flèches au-dessus des bosquets, la gradation savante de la décomposition des trois cadavres, sont des marques auxquelles on doit reconnaître non seulement une imitation précoce des anciens, mais encore les tendances d'un art déjà accessible au sentiment de la nature.

Du tableau de l'Orcagna il faut rapprocher des vers de Pétrarque, qui semblent en être comme une réminiscence, et qui serviront à en marquer plus vivement le caractère. Dans une pièce qui a été certainement composée après l'œuvre du peintre, et qui comme elle porte le titre de *Triomphe de la Mort,* le poëte suppose que Laure, victorieuse de l'amour, s'avance au milieu d'une magnifique escorte, formée par les plus célèbres dames des troubadours. Tout-à-coup le cortége rencontre la Mort.

Quand' io vidi un' insegna oscura e trista;
 Ed una donna involta in veste negra,
Con un furor qual io non so se mai
Al tempo de' giganti fosse a Flegra,
 Si mosse, e disse: or tu donna, che vai
Di gioventute e di bellezze altera,
E di tua vita il termine non sai,
 I' son colei che si importuna e fera
Chiamata son da voi, e sorda e cieca,
Gente a cui si fa notte innanzi sera.
 I' ho condott' al fin la gente Greca
E la Trojana, all' ultimo i Romani,
Con la mia spada la qual punge e seca;
 E popoli altri barbareschi e strani:
E giungendo quand' altri non m' aspetta,
Ho interrotti mille pensier vani. . .
 . . . .
. . . . Ed ecco da traverso
Piena di morti tutta la campagna,
Che comprender nol puo prosa né verso.
 Da India, dal Catai, Marrocco e Spagna
Il mezzo avea gia pieno e le pendici
Per molti tempi quella turba magna.
 Ivi eran quei che fur detti felici
Pontefici, regnanti, imperadori;

Or sono ignudi, miseri e mendici.
U' son or le richezze? u' son gli onori,
E le gemme e gli scettri e le corone,
Le mitre con purpurei colori?
O ciechi, il tanto affaticar che giova?
Tutti tornate alla gran madre antica;
E'l nome vostro appena si ritrova (1).

Voilà bien les traits principaux de la peinture que j'analysais tout-à-l'heure : la Mort avec sa robe noire et son vol terrible, puis l'amas des pontifes, des empereurs, des rois, à qui leurs richesses, leurs sceptres et leurs couronnes sont désormais inutiles. Mais dans les beaux vers de Pétrarque, comme dans la fresque d'Orcagna, on voit percer partout l'étude de la vraisemblance et de la régularité, qui sont devenues, pour ainsi dire, les premiers besoins du goût moderne. Dans

(1) L'élève de prédilection du Titien, Bonifacio, dont on a souvent confondu les ouvrages avec ceux de son maître, a peint quatre tableaux, représentant les quatre *Triomphes* de Pétrarque; Silvestre Pomarède a gravé ces peintures à Rome en 1748. M. Peignot a donné la description de l'estampe du *Triomphe de la Mort*. Voy. *Recherches*, p. 187.

ces Grecs et ces Romains que le poëte fait tomber sous les coups de la Mort, comme dans ces amours que le peintre du Campo-Santo fait voltiger au-dessus du cercle des femmes, on retrouve aussi le souvenir présent des anciens. Tous ces signes révèlent aussi le génie de la Renaissance qui, au XIVe siècle, avait déjà commencé au-delà des Alpes. L'imitation de l'Antiquité, le sentiment de l'ordre, l'amour de la nature caractérisent l'art que les Italiens pratiquaient dès cette époque; mais les nations du Nord, qui les prirent plus tard pour modèles, exprimaient encore alors leurs sentiments sous des formes soumises à de tout autres lois. Ce sont ces lois qu'il faudrait pouvoir faire connaître en décrivant les métamorphoses que subit, hors de la péninsule italienne, la représentation de l'empire de la Mort.

IV.

LA DANZA GENERAL DE LA MUERTE,

attribuée à Rabbi don Santo.

M. Douce cite, en les tronquant, quelques vers d'un ancien poëme espagnol qu'il attribue, sur la foi de D. Th. Antonio Sanchez, à un troubadour juif du xive siècle, et qui, s'il fallait suivre son opinion, serait le premier monument authentique où la danse des morts se montre entièrement formée.

Ce poëme, connu par un manuscrit qui à la fin du dernier siècle était encore déposé à la bibliothèque de l'Escurial (1), porte le titre de *Danza général de la Muerte en que entran todos los estados de gentes*; il commence par une courte

(1) Rayon iv, lettre *b*, numéro 21.

introduction en prose, évidemment composée par le moine qu'on aura employé à le copier, et que je jugerais être de l'ordre des Frères Prêcheurs, tant il prend soin de recommander *que vean e oyan bien lo que los sabios pedricadores le disen e amonestan de cada dia*. Puis vient le prologue, composé de huit octaves. La Mort y parle la première :

DISE LA MUERTE.

Yo so la Muerte cierta á to las criaturas
Que son y seran en el mundo durante :
Demando y digo : O ome! porqué curas
De vida tan breve en punto pasante?
Pues non hay tan fuerte, nin reico gigante
Que deste mi arca se pueda amparar,
Conviene que mueras quando lo tirar
Con esta mi flecha cruel traspasante (1).

(1) Dans ses leçons sur la littérature du moyen-âge, M. Villemain a donné de ces curieux morceaux une traduction qu'on sera bien aise de retrouver ici :

« Je suis la Mort inévitable pour toutes les créatures » qui sont et qui seront dans le monde. J'appelle cha- » cun, et je dis : « Hélas! pourquoi t'inquiètes-tu de

Après trois autres stances, le prédicateur est introduit, et prend la parole pour exhorter les hommes aux bonnes œuvres et à la pénitence. Le sermon fini, la Mort convie le genre humain à sa danse :

>A la Danza mortal venit los nascidos
>Que en el mundo sois de qualquier estado :

» cette vie si courte, qui passe en un moment, puis-
» qu'il n'est pas de géant si fort qui puisse se préserver
» de cet arc? Il convient que tu meures, quand je te
» frapperai de ma flèche cruelle.
  » Tout ce qui naît dans ce monde, en quelque condi-
» tion que ce soit, vient à la danse mortelle. Celui qui
» ne voudra pas, je suis prête à l'y faire venir de force
» ou de gré. Puisque le frère vous a prêché que vous ayez
» tous à faire pénitence, quiconque ne voudra pas y
» mettre ses soins est désormais désespéré.
  » J'appelle d'abord à ma danse ces deux jeunes filles
» que tu vois là si belles. Elles sont venues à mauvaise
» intention pour entendre mes chansons qui sont tristes;
» mais ni les fleurs, ni les roses, ni les parures qu'elles
» ont coutume de porter ne les défendent. Si elles le
» pouvaient, elles voudraient bien se séparer de moi ;
» mais cela ne se peut, car elles sont mes fiancées. »
T. II, p. 116.

El que non quisiere, a fuerza e amidos
Faser le he venir nucy toste parado :
Pues que ya el frayre vos ha pedricado
Que todos ayades à faser penitencia,
El que non quisiere poner diligencia
Non puede ser ya mas esperado.

Alors la ronde commence ; la Mort y appelle successivement toutes les conditions humaines, depuis le pape et les cardinaux jusqu'aux marchands et aux laboureurs. A chaque strophe où elle réclame une victime, répond une strophe où la victime se plaint d'être enlevée du milieu du monde. Dans la première, la Mort s'adresse à deux jeunes filles :

A esta mi danza traxe de presente
Estas dos Donzellas que vedes fermosas (1) :
Ellas vinieron de muy mala mente
A oir mis Canciones que son dolorosas.
Mas non les valdran flores nin rosas
Nin las composturas que poner salian :

(1) Le *vedes* indique peut-être qu'en avant de la strophe il y a une miniature représentant les deux jeunes filles. Voyez à la fin du §.

De mi, si pudiesen, partirse querrian :
Mas non puede ser, que son mis esposas.

La danse se poursuit ainsi pendant soixante-onze octaves, dont la dernière est une prière que tous les morts élèvent à la fois vers Dieu.

Le poëte à qui l'on a jusqu'à ce jour attribué cette pièce originale, est connu sous le nom de *Rabbi Santo*; il s'est donné à lui-même celui de *Don Santo* en y ajoutant *Judio de Carrion* (1), parce qu'il était juif et qu'il était né à *Carrion de los Condes*, dans la Castille vieille : si on peut s'en rapporter à la conjecture de Sanchez (2), il s'appelait réellement *Don Mose* et était chirurgien.

(1) Sénor noble rey altó,
Oyd este sermon,
Que vos dise don Santo,
Judio de Carrion.

M. Douce, en lisant cette redondilla, semble avoir pris les qualités du poëte pour son nom. *The Dance of Death*, p. 25.

(2) *Coleccion de poesias castellanas anteriores al siglo* XV, t. I, p. 180.

du roi. On lit dans la *Bibliothèque espagnole* (1) de Rodriguez de Castro, qu'il naquit à la fin du xiiie siècle ou au commencement du xive. Ce qu'il y a de certain, c'est qu'il était vieux lorsque, vers l'année 1360, il adressa à Pierre-le-Cruel, roi de Castille, un petit poëme connu sous le titre de *Consejos y documentos del Judio Rabbi don Santo al Rey don Pedro*.

On y trouve les deux strophes suivantes :

> Por nascer in espino
> La rosa, ya non siento
> Que pierde, ni el buen vino
> Por salir del sarmiento.
> Nin vale el Azor menos
> Por que en vil nido siga,
> Nin los enxemplos buenos
> Por que Sudio los diga (2).

Pour que ces vers aient un sens, il faut croire que don Santo n'avait point renié sa religion. Sur quel fondement Rodriguez de Castro s'appuie-t-il

(1) Madrid, 1781, in-f°, t. I, p. 198.
(2) Sanchez, t. I, p. 182.

donc pour soutenir que ce juif s'était converti au christianisme? Sur un poëme qui a pour titre : *la Doctrina christiana*, et qui est transcrit, dans le manuscrit de l'Escurial, après les conseils au roi don Pèdre. Mais de ce que ces deux pièces sont écrites l'une après l'autre et de la même écriture, s'ensuit-il qu'elles appartiennent au même auteur? J'ai des raisons plus fortes encore de mettre en doute l'authenticité de *la Danza general de la Muerte*, qui est la troisième pièce du même manuscrit.

Je ferai d'abord remarquer que ce poëme, au lieu d'être écrit, comme les précédents, avec les petits vers généralement employés pendant le xive siècle, est composé de ces strophes à grands vers qu'on appelle de *arte mayor*, et qui furent mises en honneur dans les premières années du xve siècle, sous le règne de Juan II. Je n'ignore point que le marquis de Santillane, l'un des poëtes les plus renommés de cette époque, dans sa fameuse lettre sur l'histoire de la poésie espagnole, parle de l'*arte mayor* comme d'un raffinement déjà ancien qui, de Galice et de Portugal, passa en Castille ; je sais aussi que dans ce mètre sont écrits deux poëmes, *el Tesoro* et *las Querelas*, qu'on a jusqu'à ce jour fait remonter au XIIIe siècle. Mais les études sérieuses dont la littérature espagnole commence à être l'objet ont déjà bien réduit l'antiquité de ces productions (1) ; et dès la fin du dernier siècle le savant Boutterwek avait vu que la principale révolution opérée dans la poésie espagnole par le marquis de Villéna, par le marquis de Santillane, par Juan de Mena, consistait précisément dans l'adoption du mètre de *arte mayor* (2).

Ce rhythme plut aux premiers réformateurs de la poésie espagnole, non seulement parce qu'il était plus savant que la *redondilla* populaire, mais

(1) Voyez la note p. 5 de l'introduction du *Tesoro del Parnasso espanol*, par Quintana. Paris, in-8°, Baudry, 1838.
(2) *Histoire de la littérature espagnole*. Paris, 1812, p. 143.

encore parce qu'il rappelait l'une des mesures favorites de la littérature italienne, sur laquelle ils se modelaient. Ne ressemblait-il pas, en effet, presque trait pour trait, à l'*octava rima* que Boccace avait déjà consacrée au XIVe siècle par tous ses romans en vers; que, dans le XVe, L. Pulci, Politien et Bojardo allaient façonner encore, et qui, au XVIe enfin, devait immortaliser l'Arioste et le Tasse? C'est pour imiter l'Italie, et non pour se rapprocher des anciens troubadours de Galice, que Juan de Ména, voulant ouvrir une ère nouvelle dans le développement de la poésie nationale, composa en octaves son poëme du *Laberinto*, où il se rapprochait ainsi de Boccace par la forme, tandis que, pour le fond, il s'inspirait du Dante. Ce fut cet ouvrage de l'Ennius castillan qui popularisa le mètre de *arte mayor*, vers le milieu du XVe siècle; et comme ce mètre est employé dans la *Danza general de la Muerte*, je crois être autorisé à la rapporter à la seconde partie du même siècle, malgré la rudesse du langage qui peut tenir au peu de culture de l'auteur, plus qu'à l'ancienneté de la composition. Je trouve à la fin de l'article que Rodriguez de Castro a consacré à Don Santo, des preuves nouvelles qui changent mes soupçons en une certitude presque entière. On voit encore, dit l'auteur de la *Bibliothèque espagnole*, dans le même manuscrit une pièce en vingt-cinq octaves, du même mètre et du même genre, et qui, à cause de ses rapports avec la pièce précédente, semble appartenir au même Rabbi don Santo. En voici le titre :

« *Esta es una Revelaçion que acaescio a un*
» *ome bueno hermitano de santa bida que estava*
» *Resando una noche en su hermita e vyo esta*
» *revelacion el qual luego la escrivio en Rymas,*
» *ca era sabidor en esta çiençia gaya.* »

Ces mots de *gaie science* suffisent, à mon avis, pour établir que le morceau qui les renferme est postérieur à la révolution littéraire, que les marquis de Villéna et de Santillane firent en

Castille, et par conséquent qu'au lieu d'appartenir au xive siècle, il n'a pu être écrit que dans la seconde moitié du xve. Lorsque le marquis de Santillane, dans la lettre dont nous parlions tout-à-l'heure, veut définir la poésie, et qu'il dit : « *Que cosa es la poësia que en nuestro vulgar* » GAYA SCIENCIA *llamanos* (1), » il nous fait assez entendre, comme Boutterwek l'a senti (2), qu'il se sert d'un mot qui, à cause de sa nouveauté, n'avait pas encore trouvé accès dans la langue castillane. L'Académie des jeux floraux, où le *gai savoir* a pris naissance, avait commencé en 1323 dans un jardin des faubourgs de Toulouse; en 1356, les faubourgs ayant été détruits au milieu des excursions des Anglais, elle avait transporté le lieu de ses séances dans l'hôtel-de-ville; en 1388, le bruit de ses concours et de ses statuts s'étant répandu, elle vit paraître des

---

(1) *Colecion de poesias castellanas*, Sanchez, t. I, p. L.
(2) *Histoire de la littérature espagnole*, t. I, p. 157, la note.

ambassadeurs du roi Jean d'Aragon qui venaient
recueillir ses enseignements et prendre connaissance de la forme de ses assemblées. Un in-
stitut de la gaie science s'était alors établi en
Aragon, où l'on parlait une langue qui n'était
pas sensiblement différente de la langue d'oc.
Mais il fallut plus de temps pour que l'idée
d'un pareil établissement naquît en Castille,
pays séparé de l'Occitanie par sa situation et
par son histoire autant que par sa langue. Elle
y fut apportée seulement dans les premières
années du xve siècle par le marquis de Villéna,
qui descendait par son père des rois d'Aragon,
et par sa mère de ceux de Castille. Ce grand seigneur établit parmi les Castillans un collége de
la gaie science (*el consistorio de la çiençia gaya*)
qui n'y eut point de succès, et pour lequel il
écrivit vainement une poétique à l'imitation du
livre *des Lois d'amour*, rédigé par l'Académie de
Toulouse. Les élèves du marquis de Villéna, dont
le marquis de Santillane et Juan de Ména furent

les plus illustres, se servaient donc encore du mot de *gaie science*, comme d'un terme propre à leur école et repoussé par le public de leur temps. Ce ne fut qu'après eux, c'est-à-dire dans la seconde partie du xve siècle, qu'on put en user familièrement pour désigner, comme dans le titre dont nous nous occupons, le genre de poésie et le mètre consacrés par eux.

Enfin si, après avoir considéré le titre, nous venons à lire seulement l'analyse de la dernière œuvre que Rodriguez de Castro attribue à Rabbi don Santo, nous toucherons plus clairement encore l'erreur dans laquelle il est tombé. Je me bornerai à citer ses propres paroles :

« *Figura-se el poeta haber visto un cuerpo*
» *muerto, hediondo, podrido, comido de gusanos,*
» *y que al derredor de el andaba una ave blanca,*
» *que era el alma de aquel cuerpo, la qual le*
» *maldecia, porque por haberle complacido en*
» *esta vida, ella se veia condenada a las penas*
» *del infierno; y el cuerpo la correspondia iguala-*

» *mente con maldiciones, porque, por no haberle*
» *querido sujetar, como debia, en esta vida, se*
» *hallaba tambien el condenado para siempre a*
» *las mismas penas* (1). »

Ce sujet, on pourra facilement s'en convaincre, est absolument le même que celui qui, sous le nom de *Débat de l'âme et du corps*, est traité dans une pièce jointe aussi à la plupart des Danses Macabres imprimées à Paris à la fin du xve siècle. Cette exacte ressemblance m'a donné à penser que le troisième et le quatrième poëme du manuscrit de l'Escurial n'étaient autre chose qu'une traduction, faite dans quelque couvent espagnol, d'une publication des presses françaises. Les renseignements que nous avons sur l'écriture du manuscrit ne contredisent point nos conjectures. Sanchez se borne à dire qu'il est «*de letra antiqua,*» c'est-à-dire en gothique. Rodriguez de Castro, qui semble avoir voulu trancher du connaisseur en précisant le siècle « *de letra del siglo*

(1) *Biblioteca espanola*, loco citato.

xiv » est obligé d'ajouter « *muy clara y hermosa,* » comme s'il était tout étonné de lire si couramment une écriture qu'il a fait remonter si haut. Il nous a laissé un véritable regret en s'exprimant d'une manière plus vague sur la manière dont le manuscrit est historié. « *Con las iniciales ilumi-* » *nadas, los titulos de encarnado, y varios ador-* » *nitos al principio de cada estrofa.* » Peut-être au commencement de chaque strophe, y a-t-il une miniature reproduisant les gravures des éditions que Guyot Marchand a données de la Danse Macabre, depuis l'année 1485 jusqu'en l'année 1499 ?

V.

DE LA DANSE.

Pour que les hommes du Moyen-Age associassent l'idée de danser à celle de mourir, il fallait qu'ils fussent préoccupés de la première autant que de la seconde. Que veut dire cette fureur de danse qu'ils mêlèrent ainsi à leurs plus graves pensées ?

La danse, qui est un plaisir de toutes les époques, indique chez celles où elle domine un caractère particulier qu'il nous importe d'étudier. Si on la compare au chant, on trouve d'abord que, tandis qu'il suppose toujours la science, l'exercice, le choix, elle, au contraire, peut à la rigueur se soutenir par l'instinct et par la passion : aussi le chant appartient-il plutôt aux sociétés qui se perfectionnent, et la danse à celles qui débutent. On peut s'en convaincre doublement par l'observation et par l'histoire. Dans les contrées méridionales, le peuple, lorsqu'il est affecté par quelque sentiment agréable, éprouve le besoin de l'exprimer sous une forme de l'art; cependant il n'en rencontre aussitôt qu'une seule : il forme ses rondes; et, si monotones qu'elles soient, il peut leur imprimer le caractère des sensations diverses qui l'agitent. A mesure que le peuple se civilise, il danse moins et se contente de chanter. Les nations naissent ainsi toutes artistes; et, selon le degré de leur développement, c'est par le geste ou seulement par la mélodie qu'elles témoignent le sentiment de l'art dont elles sont animées. Les religions, qui sont leur expression la plus générale, semblent aussi avoir eu dans leur principe un culte très différent de celui qui se pratique aujourd'hui. Pour fêter leurs idoles, l'Inde, l'Égypte et la Grèce déployaient les danses dans leurs cérémonies sacrées, tandis que le christianisme les a proscrites, comme indignes de la majesté de son Dieu, et n'a plus admis dans ses temples que le chant. David, qui préparait le culte de l'avenir en composant ses cantiques magnifiques, rendait hommage au culte du passé quand il dansait devant l'arche.

Lorsque l'homme s'éveille, et qu'il se distingue encore à peine du monde dans lequel il est plongé, il règle sa vie sur celle des êtres qui l'entourent. Comme les astres, c'est par ses mouvements qu'il raconte d'abord la gloire de Dieu ; il bat la terre du pied, et par la cadence de ses pas, il commence à répandre l'harmonie dont il est plein. Puis il soupire comme la solitude lorsque, frappée par les premiers rayons du soleil, elle sent la vie tressaillir dans son sein ; avec les oiseaux du ciel il salue par ses cris le père de la création; et la mélodie est, pour ainsi dire, le second langage qu'il emploie. Après elle vient bientôt la poésie, lorsque l'homme préférant l'articulation au chant, et achevant de dégager dans sa langue l'élément qui lui est propre, règle néanmoins encore sa parole sur les anciennes mesures de la musique. S'il brise ces mesures et s'il en conserve seulement un vague sentiment, il arrive à l'âge de l'éloquence. Enfin si ce sentiment de l'harmonie qu'il plaçait dans les gestes, puis dans les sons, puis dans les mots, il le concentre dans la pensée pure, s'il le transporte du signe à la chose signifiée, alors il touche à l'ère de la philosophie. L'art s'est évanoui; mais l'esprit humain voit s'ouvrir devant lui la carrière des spéculations, qui, pour quelques natures choisies, sont encore une forme nouvelle et la plus élevée sous laquelle le sentiment du beau se révèle à la terre.

Ne nous bornons pas à ces termes abstraits; rendons-les sensibles en empruntant à l'histoire grecque des exemples qui les justifient. Les danses des bacchantes apparaissent à l'origine de la religion hellénique, et se rattachent, comme Bacchus, au culte que l'Orient rendait aux forces aveugles de la matière. Les chants d'Orphée, dont les bacchantes tirèrent de cruelles représailles, inaugurent, avec une audace heureuse, une civilisation nouvelle; les vers d'Homère la consacrent; les harangues de Périclès la gouvernent; les méditations de Platon la couronnent et la perpétuent en l'expliquant. Telle est la loi qui préside au développement de ceux d'entre les arts humains dont les cadences s'accomplissent dans la durée. Ceux dont les rhythmes se mesurent dans l'espace, observent une loi analogue, et s'élèvent encore de même du concret à l'abstrait.

On peut faire à l'histoire des nations chrétiennes une application curieuse et importante de cette loi. Quand on étudie l'origine des littératures modernes, on voit que la poésie ne s'est produite, dans aucun pays de l'Europe, sans être soutenue par l'accompagnement de quelque autre art, et on se convainc qu'elle a pris chez chaque peuple un caractère tout différent, selon le degré que cet art auxiliaire occupe lui-même dans le développement du génie humain. Le chant, qui, au Moyen-Age, était cultivé avec un goût tout particulier dans le midi de la France, et dont il y avait des écoles célèbres, dès le xie siècle, au monastère de la Daurade, à Toulouse, donna, sans contredit, aux troubadours, le modèle des rhythmes qui firent la gloire de leurs vers et qu'ils communiquèrent eux-mêmes à l'Italie. En Espagne, il est à croire que c'est la danse qui a secondé l'essor de la poésie et qui a décidé de sa forme (1). Les romances que les Castillans ont remplies de leurs souvenirs héroïques, et qu'ils ont composées de petits vers fortement scandés, tous égaux, tous assujettis à une assonance unique, semblent avoir

(1) Bouterwek entrevoyait une partie de la vérité, lorsqu'il attribuait l'origine des *coplas*, ou strophes, à l'habitude de joindre les danses aux chants. Il supposait, il est vrai, que toutes les danses étaient, comme dans les chœurs du théâtre grec, coupées par des figures. Voyez *Histoire de la littérature espagnole*, t. V, p. 139.

été destinées dans l'origine à soutenir le pas de la ronde populaire, vive et pesante tout ensemble, et dont aucune figure ne rompait la monotonie (1). Leur littérature, formée presque tout entière sur ce type primitif, manifesta plus tard une répugnance déclarée pour les rhythmes savants de la Renaissance, et se réfugia dans ce

(1) Voyez l'introduction du *Tesoro de los romanceros espanolos*, par M. E. de Ochoa. Paris, Baudry. — Les danses espagnoles étaient déjà célèbres chez les anciens. Deux poëtes latins se sont accordés à en faire une censure qui aurait encore aujourd'hui son opportunité. Juvénal a dit, satire XI :

> Forsitan expectes ut Gaditana canoro
> Incipiat prurire choro, plausuque probato
> Ad terram tremulo descendant clune puellæ.

Et Martial, liv. V, épigr. LXXX :

> Nec de Gadibus improbis puellæ
> Vibrabunt sine fine prurientes
> Lascivos docili tremore lumbos.

Les anciens nommaient cette danse Apocinus, Igdis, Lobas, et aussi MACTER et MACTRISMUS. Voyez l'*Orchestra* de Jean Meursius dans le t. VIII du *Trésor des antiquités grecques*.

théâtre original où le peuple avait conservé, avec le mètre de ses anciennes rondes, le sentiment de son génie particulier. L'Italie, au contraire, qui avait eu les troubadours pour ses premiers maîtres, après s'être façonnée à leurs chants, en perfectionna encore les modulations, et composa, grâce à eux, la première littérature régulière de l'Europe (1).

Cette diversité que je signale dans le point de départ de la poésie espagnole et de la poésie italienne, est peut-être ce qu'il y a de plus réel dans

(1) Dans sa lettre au connétable de Portugal, le marquis de Santillane termine un passage qui donnerait lieu aux plus intéressantes discussions, par ces mots : « *Ponen. (los Italicos) sones asimismo a las sus obras, e* » *cantanlas por dulces e diversas maneras : e tanto han* » *familiar, e por manos la musica, que parece que entre* » *ellos hayan nascido aquellos grandes filosofos, Orféo,* » *Pitagoras, e Empedocles. E quien dubda que asi como* » *las verdes fojas en el tiempo de la primavera guarnescen e* » *accompanan los desnudos arboles, las dulces voces e* » *fermosos sones no apuesten e accompanan todo rimo,* » *todo metro, todo verso, sea de qualquier arte, peso,* » *e medida.* » (Sanchez, t. I, p. LVI.)

l'opposition établie par F. Schlégel entre la littérature romantique et la littérature classique. Elle explique aussi suffisamment pourquoi la pensée de la mort s'est produite sous des apparences si différentes dans les deux péninsules. En Italie elle a pris la forme savante des triomphes; en Espagne elle a adopté la forme gothique de la ronde. Mais quelle que soit la passion du peuple espagnol pour la danse, ce n'est pas chez lui, nous l'avons vu, qu'il faut chercher la première idée de la danse des morts.

Nous pouvons cependant tirer de ce qui précède une conclusion intéressante. La danse, occupant le rang inférieur dans la progression naturelle des beaux-arts, suppose toujours chez les peuples où elle règne un état d'enveloppement qui ne laisse paraître leurs facultés que sous des formes encore indéterminées. Tel fut précisément le caractère de cette civilisation du Moyen-Age, si mal définie jusqu'à ce jour, dont la France eut la direction suprême, dont toutes les nations du Nord furent tributaires, et que les clartés de la Renaissance italienne dissipèrent au XVIe siècle. Nous arrivons ainsi à saisir la cause la plus profonde qui, parmi ces nations, aussi bien qu'en Espagne, fit prévaloir la danse pendant la période à laquelle on a donné le nom de gothique. Il ne nous reste plus qu'à voir comment alors la danse s'allia aux idées religieuses et pénétra dans les lieux sacrés.

VI.

LES DANSES ECCLÉSIASTIQUES.

—

L'Église eut, dans les commencements, une peine extrême à se préserver de l'imitation de certaines cérémonies païennes. On en trouve l'indication dans l'un des sermons attribués à saint Augustin : « *Erat gentilium ritus inter christia-* » *nos retentus, ut diebus festis ballationes, id est* » *cantilenas et saltationes exercerent... Quia ista* » *ballandi consuetudo de paganorum observa-* » *tione remansit* (1). » Lorsque les Barbares eurent changé la face de l'Europe, le respect qui s'attachait aux derniers restes de la civilisation antique, et la force qui créait chaque jour des formes appropriées aux sentiments de la société

(1) Serm. 215.

nouvelle, s'accordèrent pour perpétuer les danses dans beaucoup d'églises. Au IX° siècle, un concile assemblé à Rome sous le pontificat d'Eugène II, prescrivait aux prêtres d'extirper les débris du paganisme : « *Ut sacerdotes admoneant* » *viros ac mulieres, qui festis diebus ad eccle-* » *siam occurrunt, ne ballando et turpia verba* » *decantando choros teneant, ac ducunt, simili-* » *tudinem paganorum peragendo.* » M. Douce cite encore, d'après la chronique de Nuremberg (1), une danse que, dans les premières années du XI° siècle, sous le règne de l'empereur Henri II, dix-huit hommes et dix femmes exécutaient, sur le seuil de l'église de Saint-Magnus, au diocèse de Magdebourg, tandis que le prêtre célébrait la messe de la veille de Noël. Cette coutume n'était point particulière à une église. Au XIII° siècle, G. Durand écrivait dans son *Traité des divins offices* que les jours de Pâques et de Noël, il y avait des danses, des

(1) The dance of Death, p. 6.

chants, des jeux dans les cloîtres et chez les évêques : « *In quibusdam locis hac die (pas-*
chœ) in aliis in natali (Noël), prælati cum
suis clericis ludunt vel in claustris, vel in do-
mibus episcopalibus, ita ut etiam descendant
ad ludum pilœ, vel etiam ad choreas et can-
tus (1). » J'ajouterai un exemple curieux qu'on pourra voir dans les chroniques de la ville d'Erfurt (2) : Un archevêque de Mayence, qui, à ce qu'il paraît, n'était point, pour ses contemporains, un trop grand sujet de scandale, mourut d'apoplexie en dansant avec des religieuses qu'il faisait sortir de leur cloître pour prendre part à ses divertissements.

(1) Rationale divin. offici. Lib. VI, c. 83. Ce savant livre est un des premiers qui, en 1459, sortirent des presses de Mayence. Son auteur, l'une des gloires du droit canonique, et l'un des plus habiles agents qu'ait eus la papauté, était né dans une petite ville du diocèse de Riez, à Puymoisson, où personne aujourd'hui ne se souvient de lui.

(2) Apud Menckenium.

L'érudition d'un abbé du dernier siècle nous a transmis des détails circonstanciés sur une danse sacerdotale qu'on exécutait le jour de Pâques, dans le diocèse de Besançon (1). Cette danse se nommait *Bergeretta*, sans doute à cause des airs pastoraux qui l'accompagnaient. Elle était réglée par les statuts mêmes de l'église : « *Finito pran-* » *dio, post sermonem, finita nona, fiunt choreæ* » *in claustro, vel in medio navis ecclesiæ, si* » *tempus fuerit pluviosum, cantando aliqua car-* » *mina, ut in processionariis continetur. Finita* » *chorea... fit collatio in capitulo cum vino rubeo* » *et claro et pomis vulgo nominatis* DES CARPEN- » DUS. » Dans d'autres statuts il était question des chansons : « *Post nonam vadit chorus in prato* » *claustri, et ibi cantantur cancelinæ de resurrec-* » *tione Domini.* » Pour que rien ne reste douteux on y voyait les paroles et l'air de ces chansons ; en voici un fragment :

(1) Lettre écrite de Besançon le 4 juillet 1742, et in-

Si si la sol la ut ut ut ut si la si
Fidelium sonet vox sobria ;
Si si la sol la ut ut ut ut si la si
Convertere Sion in gaudia.
Si si la sol la ut ut ut si la si
Sit omnium una lætitia ,
Ut re re sol la ut ut si la sol fa sol
Quos unica redemit gratia.

Mais dans ce couplet même, comme l'indique l'auteur inconnu de la lettre du *Mercure*, l'air montre assez qu'il était fait pour être dit en dansant. Les conciles de Vienne et de Bâle ayant renouvelé, au commencement du xive et du xve siècle, les anciennes prohibitions, l'église de Besançon trouva le moyen d'obéir à l'autorité ecclésiastique sans renoncer à ses vieilles coutumes. Après nones, le chapitre de la collégiale s'en allait au cloître, et là, tous les dignitaires se tenant l'un l'autre par la cape, tournaient trois fois autour du préau ; après quoi

séréc au *Mercure de France*, dans le mois de septembre de la même année.

ils faisaient la collation. Cet usage fut suivi jusqu'en 1737.

En certains endroits, le peuple se mêlait aux rondes ecclésiastiques. Bonnet, dans son Histoire de la Danse, dit qu'à Limoges, le jour de Saint-Martial, la foule dansait aux cantiques dans l'église, et qu'au lieu du *Gloria*, elle répétait à la fin de chaque chant :

> San Marccou, pregas per nous,
> E nous épingaren (1) per vous.

Lorsque le peuple ne pouvait former ses danses dans l'église, il les déployait sur le seuil. Il était rare au Moyen-Age que les temples ne fussent point précédés soit par quelque péristyle comme celui qu'on voit à Milan devant la basilique de Saint-Ambroise, soit par une cour plus modeste, comme sont encore celles de la plupart de nos églises de village. Dans cet emplacement,

(1) On dit encore en Provence *espingar*, sinon pour danser, au moins pour se mouvoir très vivement.

que j'appellerais volontiers le *forum* des villes gothiques, le peuple se tenait assemblé, les dimanches, dans l'intervalle des offices. C'était là qu'il entendait les pèlerins réciter les légendes, et les trouvères chanter les chansons épiques ; là qu'il voyait les jongleurs faire leurs tours ; là qu'il dansait ses rondes. Mais dans ce même endroit nos pères avaient aussi l'habitude de prendre leur sépulture. Ils cherchaient pour leurs cendres la protection des édifices sacrés, et s'ils ne pouvaient mettre leurs tombeaux dans l'intérieur des églises, ils les rangeaient autour d'elles (1). En

(1) Le mot dont les Anglais se servent encore pour désigner leurs cimetières (*church-yard*, cour d'église) témoigne de cette habitude. M. Douce a cité quatre vers d'un écrit du XIIIe siècle, intitulé le *Manuel du péché*, et attribué à l'évêque Grosthead :

    Karoles ne lutes ne deit nul fere
    En seint eglise, ki me voil crere ;
    Kas en cimetierre karoler,
    Utrage est grant u lutter.

Remarquez, dans ce couplet normand, un mot qui est demeuré anglais : karoles. Carol veut encore dire vieille

sorte que le lieu des divertissements populaires était aussi l'asile de la mort.

Sans doute les ordres mineurs, lorsqu'ils entreprirent de réformer la chrétienté, s'élevèrent contre les profanations des lieux saints ; mais comme on a vu faire plus tard aux disciples de Loyola, pour mieux s'emparer de la société, ils lui cédèrent en beaucoup de points : ne pouvant donc tout d'abord arracher du milieu du siècle cette passion des danses et des spectacles qui s'y était si fortement enracinée, ils songèrent à la tourner au profit du culte ; les églises alors se changèrent d'elles-mêmes en théâtres où l'on vit

chanson, chanson épique et religieuse ; il rappelle Charlemagne, qui était le sujet des anciennes chansons des Normands. Robert Wace a dit dans le roman de Rou :

> Taillefer ki mult bien cantout
> Sor un cheval ki tost alout,
> Devant li dus alout cantant
> De Karlemaine é de Rollant,
> E d'Oliver é des vassals
> Ki morurent en Rencheyais.

représenter ces mystères qui offraient aux regards, dans des jeux sacrés, les dogmes fondamentaux de la religion, et qui aboutirent en ce temps même à la *divine comédie* du Dante et plus tard aux *autos sacramentales* de Calderon. Les cimetières eurent aussi leurs solennités; et ce fut la Danse des Morts qui en fournit le sujet ordinaire.

VII.

LA DANSE MACABRE.

—

Pendant le Moyen-Age, la France commanda en reine aux nations chrétiennes ; elle leur imposa sa pensée, sa poésie, ses beaux-arts : la scolastique, la chevalerie, l'art ogival sont ses œuvres. Le sujet qui nous occupe nous donne une nouvelle occasion de constater cette antique domination du génie français. La danse macabre est une création de notre esprit; elle est la première danse des morts qui ait été exécutée en Europe.

A Paris, le cimetière des Innocens offrait, à la fin du xiie siècle, le spectacle le plus déplorable. Une petite église, dédiée à la mémoire des enfants massacrés par Hérode, s'élevait là, dans un endroit désert, hors du faubourg qui s'était formé peu à peu sur la rive droite de la Seine, et qui ne devint la ville véritable qu'au siècle suivant. Quoique, par l'effet d'une dévotion toute particulière, le champ qui entourait cette chapelle eût été choisi par les bourgeois de la capitale pour recevoir leurs sépultures, il ne laissait pas que d'être aussi un marché où l'on vendait tout ce qui pouvait être nécessaire à la vie; et, dès que la nuit était venue, il se changeait encore en un infâme réceptacle où tout ce qu'il y avait d'impur parmi les vivants errait à travers les débris infects entassés pendant le jour sur les tombes des morts (1). En 1180, Philippe-Auguste, à qui Paris doit ses premiers embellissements, frappé par ce scandale, fit clore le cimetière par une muraille de bonnes pierres carrées et par quatre portes qu'on avait soin de fermer le soir.

Dubreul, à qui nous empruntons ces détails, ajoute que, de son temps, au commencement du

(1) Dubreul. *Antiquités de Paris.* 1639, p. 621.

xviie siècle, le cimetière des Innocents était entouré de quatre-vingts arcades, adossées à la muraille, et surchargées de galetas. Il faut croire que ce sont ces arcades qu'on appelait les charniers des Innocents, et qu'au lieu d'avoir été construites toutes ensemble par l'autorité publique, elles furent successivement élevées par les familles qui y déposaient leurs ossements ; car on sait que Nicolas Flamel se fit peindre, avec sa femme Perrenette, dans la quatrième arche, *en entrant par la porte, du côté de la rue Saint-Denis, devers la main droite* ; et le livre curieux (1) où

(1) *Le livre des figures hiéroglyphiques de Nicolas Flamel, escrivain, ainsi qu'elles sont en la quatrième arche du cymetiere des Innocens à Paris, entrant par la porte, rue Saint-Denys, devers la main droite, avec l'explication d'icelles par ledit Flamel traitant de la transmutation métallique. Non jamais imprimé.* Paris, 1612, in-4°. Cet ouvrage est un tissu de rêveries métallurgiques ; mais les figures, qui en sont le prétexte, existaient réellement aux Innocents, et méritent l'attention. Dans le fatras qui les accompagne, on trouve pourtant encore cette définition du métier d'écrivain : « Ainsi qu'après le décès de

l'on trouve ce renseignement ajoute que Nicolas Flamel érigea ce charnier en l'an 1383.

Au commencement du siècle suivant, en 1408, le duc de Berry, qui depuis environ trente ans se gorgeait de l'or des provinces confiées à sa garde par le malheureux Charles VI, songea, se faisant vieux, à se préparer une sépulture digne de sa grande fortune. En conséquence il embellit l'église des Innocents, où il voulait que son corps fût déposé. Il fit représenter en bosse sur le grand portail méridional la légende de saint Macaire, qu'un demi-siècle auparavant André Orcagna avait peinte au Campo Santo de Pise, et que la France revendiquait ainsi comme une invention de son génie. D'un côté de la porte on voyait les trois morts debout dans la forêt, de l'autre les

---

» mes parents, je gaignais ma vie en nostre estat d'é-
» criture, faisant des inventaires, dressant des comptes,
» et arrestant les dépenses des tuteurs et des mineurs. »
C'était là, à proprement parler, l'état de l'homme de lettres au XIVe siècle.

trois princes vivants qui allaient à la chasse; au-dessous des figures, étaient gravés sur la pierre des vers français contenant les discours qu'elles semblaient échanger entre elles (1). Six ans après, le

(1) Dubreul, qui avait encore ces figures sous les yeux, rapporte les vers de la dédicace :

> En l'an mil quatre cents huit,
> Jean duc de Berry, très puissant,
> En toutes vertus bien instruit,
> Et prince en France florissant,
> Par humain cours lors cognoissant
> Qu'il convient toute créature,
> Ainsi que Nature consent,
> Mourir et tendre à pourriture,
> Fit tailler ici la sculpture
> Des trois vifs aussi des trois morts,
> Et de ses deniers la facture
> En paya par justes accords,
> Pour montrer que tout humain corps,
> Tant ait biens en grande cité,
> Ne peut éviter les discords
> De la mortelle adversité.
> Ayons de la mort souvenir,
> Afin qu'après perplexité
> Puissions aux saints cieux parvenir.

duc de Berry, ayant changé de projet au sujet du lieu de sa sépulture, érigea à Bourges une riche chapelle où il fut inhumé l'année suivante. Mais les sculptures qu'il avait fait exécuter au cimetière des Innocents, se trouvant sans cesse sous les yeux du peuple, durent produire une impression vive sur son imagination.

On lit dans le Journal du règne de Charles VI et de Charles VII : « Item, l'an 1424, fut faite la » Danse Maratre (pour MACABRE) aux Innocents, » et fut commencée environ le moys d'Aoust et » achevée au karesme suivant. » Ces mots ont donné lieu à des interprétations fort différentes. Villaret dans son Histoire de France, M. de Barante dans l'Histoire des ducs de Bourgogne, M. Villeneuve de Bargemont dans l'Histoire de Réné d'Anjou, paraissent s'être autorisés de ce témoignage laconique pour raconter qu'en l'année 1424, le duc de Bedford et le duc Philippe le Bon se trouvant ensemble à Paris, on leur donna un spectacle extraordinaire, dans lequel la

Mort parée d'habits royaux traîna après elle, au cimetière des Innocents, et ensuite dans les rues de la ville, toute une suite de personnages représentant les divers états de la condition humaine. M. Peignot fait remarquer, avec raison, qu'une pareille procession n'aurait pu durer depuis le *moys d'Aoust* jusqu'au *karesme suivant*, et que d'ailleurs on trouve dans le même Journal de Charles VJ, à l'année 1429 : « Le cordelier Ri-
» chart, prêchant aux Innocens, estoit monté sur
» un hault échaffault qui estoit près de toise et
» demi de hault, le dos tourné vers les charniers,
» en contre la charronnerie, à l'endroit de la
» Danse Macabre. » Il en a conclu que cette Danse n'avait point été représentée par des personnages vivants, mais seulement peinte sur les murs des charniers.

Examinons ces deux opinions. Le correspondant du *Mercure*, que nous citions tout-à-l'heure, finissait sa lettre en annonçant l'intention, qu'il n'a point remplie, de commenter le passage suivant d'un vieux manuscrit de son église : « *Sex-callus (senescalcus) solvat D. Joani Coleti matriculario S. Joannis quatuor simasias vini per dictum matricularium exibitas illis qui choream machabæorum fecerunt 10 julii* (1453) *nuper lapsâ horâ missæ in ecclesiâ S. Joanis evangelistæ propter capitulum provinciale Fratrum Minorum* (1). » Ainsi les Frères Mineurs faisaient représenter devant un de leurs chapitres provinciaux, par des hommes à qui l'on distribuait ensuite quatre mesures de vin, une danse que l'on appelait *Machabée* dans un pays où le nom populaire de *Macabre* n'avait pu parvenir sans altération. Cette citation importante était sous les yeux de don Carpentier lorsque ce savant homme donna en 1766, dans son supplément du Glossaire de Ducange, la définition de la Danse Macabre : « MACHABÆORUM *chorea, vulgo* Dance (sic) MACABRE *ludicra quædam ceremonia ab ecclesiasticis piè instituta, quâ om-*

(1) *Mercure de France.* Septembre 1742, p. 1955.

» nium dignitatum, tàm ecclesiæ quàm imperii,
» personæ choream simul ducendo, alternis vici-
» bus a chorea evanescebant, ut mortem ab omni-
» bus suo ordine oppetendam esse significarent. »

Il est donc hors de doute que la Danse Macabre a été exécutée par des personnages vivants, elle a pu l'être ainsi à Paris en 1424, devant les ducs de Bedfort et de Bourgogne, qui s'y rendirent au mois d'octobre, après la bataille de Verneuil, pour arranger les différends du duc de Gloecester et du duc de Brabant, et qui, au dire de Monstrelet, après avoir *célébré solennellement la feste de Toussaints et le jour des âmes, firent les jours suivants les nopces de messire Jean de la Trimouille et de la demoiselle Rochebaron, où furent grans résolutions et esbatements, tant en boire comme en mangier riches et précieux, comme en dances, joustes et autres esbatemens* (1).

Qu'après avoir été représentée de cette façon,

(1) Monstrelet. Paris, 1572, t. II, p. 18.

la Danse Macabre ait été peinte aussi la même année sous les arcades des Innocents, c'est ce qui pourrait très bien s'accorder avec tout ce que nous savons de l'art du Moyen-Age. Ces peintures, toutefois, n'ont pas laissé grande trace. Au commencement du xviie siècle, Dubreul ne voyait plus dans les charniers des Innocents que des ossements qu'il appelait *glaces de la vanité des impertinentes grandeurs humaines*. Voulait-il désigner par là les tableaux de la Danse Macabre, que souvent on a nommés des *miroirs salutaires* (1)? M. Peignot a beaucoup parlé d'un *homme tout noir* (2) qu'on avait vu long-temps peint sous l'arcade de N. Flamel, et qu'il voudrait représenter comme faisant partie d'une Danse des Morts. Mais on peut se convaincre par les descriptions apocryphes de N. Flamel,

---

(1) Voyez le titre de la 2e édition de la *Danse Macabre*, et la dédicace de la 1re édition de la *Danse des Morts* d'Holbein.

(2) Peignot, p. 84-7.

et par l'estampe qui s'y trouve jointe, que cet homme noir est un saint Paul sous la protection duquel le célèbre *escrivain* s'était fait peindre lui-même, ayant en face de lui sa femme Perrenette, accompagnée aussi d'un saint patron. D'ailleurs, comment aurait-on pu peindre la longue suite de la Danse des Morts sur des arcades qui n'étaient point une propriété publique, mais qui étaient des sépultures particulières réservées à des familles différentes?

Toutes ces difficultés, un examen attentif des textes du Journal de Charles VI, l'analogie, me suggèrent une opinion que M. Dulaure avait déjà soutenue, et qui, éloignée de celle de M. Peignot, diffère aussi du sentiment des historiens qu'il a combattus. C'est au commencement du xve siècle que la société des Frères de la Passion établit à Paris le premier théâtre où l'on représenta publiquement les Mystères, qu'on n'avait guère joués jusqu'alors que dans les églises. Est-il surprenant qu'à la même époque une compagnie rivale, inspirée, comme la première, par l'esprit des ordres mineurs, ait entrepris de donner aux Innocents des représentations accommodées tout ensemble à la tristesse du lieu et à la turbulence des spectateurs? Pour qui connait la langue du Moyen-Age, il sera impossible de prêter un autre sens à ces paroles : « Item, » l'an 1424, fut faite la Danse Macabre aux Inno- » cents. » Ce spectacle fit courir Paris pendant plus de six mois; « il fut commencé environ le mois » d'aoust et achevé au karesme suivant. » Le second passage que M. Peignot a extrait du Journal de Charles VI, et qu'il cite à l'appui de son opinion, me paraît se tourner contre elle d'une manière encore plus directe. Il est évident que cet « échaffault, hault de près de toise et demie, » appuié aux Charniers des Innocens, » sur lequel prêcha le cordelier Richart, était le théâtre même où l'on avait donné des représentations cinq ans auparavant, et qu'ainsi le frère prêchait « à l'endroit de la Danse Macabre. »

Quant au nom de Macabre qu'on donna à ce spectacle, je pense, comme M. Douce, qu'il fut emprunté à la légende de saint Macaire. Les trois morts et les trois vifs qu'on avait sculptés sur le portail de l'église des Innocents avaient sans doute fait naître dans l'esprit de quelque poëte parisien la pensée de représenter non seulement les princes, mais les hommes de toutes les conditions placés en face de leurs propres squelettes. Mais alors on ne composait point de pièce sans y introduire un acteur chargé de l'expliquer, et tout à la fois de représenter aux yeux du spectateur la vérité et la justice suprêmes. Il était naturel que, dans la danse des Innocents comme dans les peintures du Campo Santo de Pise, on confiât ce rôle à saint Macaire, qu'on donnât ensuite à la pièce le nom du principal personnage, et que ce nom, qui n'était point encore fixé par l'imprimerie, s'altérât dans la bouche du peuple.

VIII.

PEINTURES GOTHIQUES DE LA DANSE DES MORTS.

—

Toutes les peintures de la Danse des Morts dont on peut assigner la date avec quelque certitude, sont postérieures à la représentation qu'on donna au cimetière de Paris, en 1424.

Lorsque les Anglais furent chassés de Paris, ils enlevèrent des Innocents les reliques qui jusqu'alors y avaient attiré la dévotion. Ce ne fut pas le seul larcin qu'ils nous firent. De retour dans leur ile, ils peignirent la Danse des Morts dans le cloître de Saint-Paul, soit qu'ils l'eussent seulement vue représentée sur l'*échafault* des Innocents, soit qu'ils l'eussent déjà vue reproduite en France par le pinceau. Pour que le plagiat fût complet, un moine de Bury, nommé John Lidgate, ajouta aux figures des vers anglais qu'il traduisit du français. Seulement, comme il n'était plus question du même genre de représentation, et que la légende de saint Macaire était inconnue en Angleterre, le nom de Danse Macabre n'y parut point. La Danse du cimetière de Saint-Paul subsista à peu près un siècle, jusqu'en l'année 1549, où, dans la révolution qui acheva le triomphe du protestantisme anglais, le vieux cloître fut détruit avec les peintures qui le décoraient. Les débris en furent recueillis par le duc de Sommerset, qui gouvernait la Grande-Bretagne sous le nom du jeune Edouard VI. De Londres les imitations de la Danse des Morts se répandirent dans le reste du royaume, à Salisbury, à Hexham dans le Nortumberland, à Wortley Hall dans le Glocestershire, à Strafort sur l'Avon, où Shakespere, qui semble y avoir fait allusion dans une de ses comédies (1), put en voir les images pendant son enfance.

(1) *Mesure pour mesure*, acte III, scène I.

Dans le temps où les idées de la France pénétraient à Londres à la suite de la retraite des Anglais, elles régnaient aussi à Bâle, où nous avions fait assembler un concile qui faillit changer l'état de la chrétienté à l'avantage de notre Église. Tandis que nos prélats remplissaient cette ville, on eut la pensée d'y peindre une Danse des Morts (1). Les dominicains, qui, d'un bout de l'Europe à l'autre, disputaient l'administration des sacrements au clergé régulier, avaient accaparé jusqu'à la sépulture des fidèles. A Bâle, c'est dans leur cloître qu'on représenta la Danse des Morts ; la main qui l'exécuta n'y mêla point la légende des *Trois morts et des Trois vifs ;* en revanche, elle eut soin, pour honorer l'ordre qu'elle servait, de la faire ouvrir par le prédicateur, ainsi

(1) Je ne dis rien de l'opinion toute gratuite qui rattache les Danses des Morts, et principalement celle de Bâle, aux pestes dont le Moyen-Age fut souvent affligé. Tant d'autres pestes n'ont pas produit de Danse des Morts, qu'on ne saurait voir entre ce fléau et nos peintures une relation nécessaire de cause à effet.

que nous l'avons vu déjà dans le poëme espagnol attribué à Rabbi don Santo. Elle y plaça aussi, à ce qu'on rapporte, les portraits du pape Félix V que le concile avait élu, et de l'empereur Sigismond, qui l'avait convoqué.

Cette peinture, faite vers l'année 1441, fut réparée, en 1568, par un artiste indigène, nommé Jean-Hugues Klauber. On y joignit cette fois une inscription latine, suivie de deux vers grecs, où, par un double jeu de mots, comme c'était assez l'usage du xvie siècle, on faisait allusion au nom de Macabre, qui, grâce à l'imprimerie, était alors répandu hors de la France.

> Ορα τελος μακρου βιου,
> Αρχην ορα μακαριου.

Lorsque le marquis de Paulmy a écrit que *Macabre* était formé de deux mots grecs, il pensait sans doute à ces deux vers. Les images qu'ils accompagnaient furent encore retouchées en 1616; en 1621 elles furent gravées par Mathieu Mérian et publiées par lui avec un texte où l'on voit qu'il en appréciait la pensée plus qu'il n'en avait respecté la forme. On ne peut guère les connaître aujourd'hui que par l'œuvre de cet artiste, et par une copie plus exacte faite à l'aquarelle, par Emanuel Büchel, et déposée à la bibliothèque de Bâle. Ces figures avaient été presque entièrement ruinées par le temps et par le travail des cordiers qui se faisait le long du mur où elles étaient peintes, lorsqu'en 1805 elles disparurent, avec la muraille même, dont les magistrats ordonnèrent la démolition pour cause d'utilité publique. Il y avait plus d'un siècle qu'une tradition mensongère, accréditée sans doute par l'erreur de quelques voyageurs, les attribuait à Jean Holbein.

En 1766, Emanuel Büchel découvrit, au faubourg de Bâle, dans un ancien monastère de femmes, qui se nommait Klingenthal, et dont la fondation remontait au XIIIe siècle, une autre Danse des Morts, qu'à son exécution grossière il jugea plus ancienne que celle du cloître des Dominicains. A Bâle, où Emanuel Büchel en a laissé une copie, on peut s'assurer si la rudesse de cette fresque ne venait pas plutôt de l'imperfection du peintre que de l'ancienneté de la date. L'Allemagne a été féconde en écoles archaïques; et j'ai vu des peintures exécutées en Bavière, au commencement du xvie siècle, qu'à leur grossièreté on aurait prises volontiers pour des œuvres du xive.

La grande Danse de Bâle fut imitée en Suisse. Nicolas Emanuel, né en 1484, mort en 1530, peignit dans le cimetière des Dominicains, à Berne, sa ville natale, une composition semblable, dont il ne reste plus que les dessins. Dans la copie que la lithographie en a donnée en 1832, on se plaît à voir l'union de l'art gothique avec le goût et les procédés de la Renaissance. L'auteur, qui était un homme distingué, artiste, soldat et diplomate, avait étudié en Italie; et il paraît que c'est lui que Vasari désigne, parmi les élèves de Titien, sous le nom d'Emmanuel Tedesco. Son œuvre, exécutée de 1514 à 1522, a eu la plus grande influence sur celle d'Holbein, comme on le peut voir à la planche qui représente le pauvre aux prises avec la mort. A Lucerne, un artiste nommé Meglinger peignit dans la charpente du pont des Moulins, sur une suite de petits panneaux triangulaires, une Danse des Morts qu'à ses idées ingénieuses, autant qu'à ses costumes, on juge facilement être du xviie siècle (1).

Je supposerais volontiers que c'est aussi de Bâle que l'idée de la Danse des Morts se répandit au nord, en Allemagne. Elle parvint à Strasbourg, où l'on a découvert, de nos jours, une peinture funèbre sur les murs du couvent des dominicains que les protestants ont approprié à leur culte. Le sermon du dominicain y précède aussi, comme dans l'œuvre de Bâle, le tableau des conquêtes de la mort. Les ornements qui accompagnent cette fresque, la disposition et le style de ses figures autorisent à penser qu'elle

(1) M. Saint-Marc Girardin a très heureusement caractérisé cette Danse des Morts dans le *Journal des Débats* du 13 février 1835.

appartient au commencement du xvie siècle. On cite depuis long-temps la Danse des Morts de Minden en Westphalie, qui renverserait toutes nos idées, s'il fallait, comme on l'a admis jusqu'à ce jour, la faire remonter à l'année 1383. Mais comme cette peinture et sa date ne sont connues que par un passage de Fabricius (1) où je ferai voir qu'il y a presque autant d'erreurs que de mots, je ne m'arrêterai pas plus long-temps à l'examiner. Celle qu'on voit à Lubeck, à l'entrée de l'église Notre-Dame, sur les murs de la chapelle des morts, a été exécutée en 1463, retouchée en 1588, puis en 1642, et plusieurs fois encore dans le dernier siècle. Elle se distingue de la plupart des compositions dont nous avons déjà parlé, en ce que dans celles-ci les personnages s'avancent deux à deux, tandis qu'elle les montre tous unis, et formant une véritable ronde universelle. Par là elle se rattache évidemment au plus ancien modèle

(1) *Bibliotheca latina mediæ et infimæ ætatis*, au mot *Macaber*. Voyez plus loin, à la p. 121 de notre *Essai*.

de la Danse des Morts. Qu'on juge de la date des autres par l'époque certaine de celle-là. M. Douce a écrit qu'il y avait à Berlin, dans l'église Sainte-Marie, une Danse des Morts que j'y ai vainement cherchée. En redescendant à travers l'Allemagne, du nord au midi, on trouve qu'à Anneberg, en Saxe, la même Danse avait été peinte en 1525, sous le coup de la réformation ; qu'elle avait été sculptée en 1534, à Dresde, sur une frise du palais que le duc Georges, l'ennemi de Luther, s'était fait construire, et dont on voit encore la cour principale dans la demeure actuelle des rois de Saxe. A Vienne, en Autriche, un voyageur (1) a signalé une composition semblable, peinte dans un couvent des augustins, qui, comme on sait, rivalisèrent dès la fin du XIIIe siècle avec les dominicains. En Italie, il faut aller jusqu'à Naples pour rencontrer, dans l'église de Saint-Pierre-Martyr, des marbres qui sem-

(1) Bruckmann. *Epistolæ itinerariæ*. Voir M. Douce, p. 48.

blent appartenir au même genre de représentations. La Renaissance mit obstacle à ce que la gothique Ronde des Morts se répandit dans cette contrée. Cependant Vasari raconte qu'en 1512, l'un des artistes les plus originaux de l'école Toscane, Piero di Cosimo, composa, au milieu du carnaval, pour plaire à la jeune noblesse de Florence, une mascarade où la Mort, trainée sur un char triomphal, et escortée de cavaliers funèbres, faisait, à chaque station, apparaître des squelettes qui sortaient de leurs tombes en chantant :

>Morti siam, come vedete,
>Cosi morti vedrem voi :
>Fummo già come voi siete,
>Voi sarete come noi (1).

(1) Cette complainte, qu'on attribue au poëte Antonio Alamanni, se trouve dans le recueil des *Canti Carnascialeschi*. Vasari prétend qu'elle faisait allusion à la famille des Médicis, qui exilée alors de Florence, était comme morte pour sa patrie, et qui y ressuscita en effet cette même année.

Dans cette procession lugubre qui traversa Florence à la lueur des torches, il semble que l'imitation de la Danse Macabre, introduite sans doute en Italie par les Français, ait été modifiée par le souvenir des peintures du *Campo santo*. Quant à l'Espagne, qui, suivant nous, ne connut la Danse des Morts que vers la fin du xve siècle, on n'est pas encore en mesure de savoir quels développements elle lui a donnés.

Il faudrait maintenant pouvoir déterminer d'une manière précise la date des peintures de la Danse des Morts dont on retrouve les traces en France. Sur la porte de l'église de Briey près de Metz, la légende des trois morts et des trois vifs a été sculptée à une époque qui est, sans contredit, antérieure à celle où la Danse Macabre fut exécutée aux Innocents. On sait, à n'en pouvoir douter, qu'une ronde funèbre avait été peinte, à Dijon, sur les murs du cloître de la Sainte-Chapelle (1),

(1) Voyez M. Peignot, xxxvij. Cette église a été démolie pendant la révolution ; c'est sur son emplacement que de nos jours on a construit le théâtre de Dijon.

par un artiste nommé Masoncelle, en 1436, c'est-à-dire douze ans après les représentations des Innocents, et cinq ans avant l'œuvre de Bâle. Un cloitre, attenant à la cathédrale d'Amiens, et détruit en 1817, portait le nom de Macabée, probablement dérivé d'une peinture dont M. Maurice Rivoire a encore vu les vestiges. M. Langlois a dessiné des encadrements qui ornaient le cloitre de Saint-Maclou, à Rouen, et qui paraissent appartenir à une Danse des Morts (1). Sur les piliers de l'église de Fécamp, en Normandie, le même sujet a été représenté par la sculpture. Dans la célèbre abbaye de la Chaise-Dieu (2), en Auvergne, on a découvert de nos jours une fresque qui a les plus grands rapports avec celle de Lu-

(1) M. Langlois a laissé, sur la danse des morts de Saint-Maclou, un travail auquel M. Leber a contribué, et dont M. Potier, bibliothécaire de la ville de Rouen, a promis la publication.

(2) M. V. Sansonnetti en a publié un dessin, auquel M. Achille Jubinal a ajouté quelques explications. Paris, 1841.

beck. Comme la ronde y est continue, je pense que c'est une des plus anciennes, et qu'on peut en rapporter l'exécution au milieu du xve siècle. A Lezardrieux, au fond de la Bretagne, on voit sculptés, sur les stalles du chœur, des groupes de personnages qui, en se livrant à tous les plaisirs de la vie, tiennent dans la main des têtes de mort qui leur en rappellent la brièveté. C'est une sorte de Danse des Morts dont l'idée élégante appartient évidemment à la Renaissance.

On trouve au cabinet des estampes de Paris un magnifique livre, composé de huit grandes feuilles de vélin, où des images richement enluminées accompagnent un texte gothique de la Danse Macabre. Sur la couverture on lit la suscription suivante, tracée de nos jours : « *Danse* » *macabre, ou l'Empire de la mort sur tous les* » *états de la vie humaine, peinte contre le mur* » *de la cour du château de Blois, vers 1502,* » *temps où Louis XII, roi de France, fit embellir* » *ce lieu occupé avant ce prince par les seigneurs*

» *de la maison de Champagne, ceux de la maison*
» *de Châtillon, comtes de Blois et pas celle*
» *d'Orléans.* » Ce livre, qui a exercé l'érudition
de M. Vanpraet, de M. Peignot et de M. Leber,
ne contient rien qu'on ne retrouve dans la Danse
Macabre imprimée à la fin du xve siècle par
Guyot Marchand. Louis XII s'était-il borné
à faire reproduire sur les murs de son château
les gravures et les vers publiés par le libraire
parisien? Mais est-il bien sûr qu'une fresque
représentant la Danse Macabre ait orné les murs
du château de Blois? Je crains fort que la suscription que je citais tout-à-l'heure n'ait un fragile fondement. Sur le verso de la feuille où elle
se trouve, j'ai lu ces mots écrits en caractères
gothiques :

» Les histoyres et livres en francoys. Pu^{cto} 2°
contre la muraille de derriere la court

Bloys

Il me semble assez naturel de croire que c'est cette note gothique qui a inspiré l'auteur de la suscription récente; mais il me paraît aussi qu'elle a été singulièrement entendue par lui, et qu'au lieu de désigner une fresque, elle indique évidemment le lieu et la case où ce livre se trouvait dans la bibliothèque de Blois. On peut se convaincre, d'après ces incertitudes, qu'il est plus difficile de suivre l'histoire de la Danse des Morts en France, où elle prit naissance, que dans les pays étrangers qui l'ont empruntée au nôtre.

IX.

ÉDITIONS GOTHIQUES DE LA DANSE MACABRE.

—

L'imprimerie, qui devait contribuer si puissamment à dissiper les idées du Moyen-Age, commença par les servir. Dans ses premières éditions, grâce à l'alliance qu'elle avait faite avec la gravure, elle reproduisit tout à la fois les écrits et les peintures de l'époque dont elle venait marquer le terme.

Il y avait seize ans que la première presse qui ait fonctionné à Paris avait imprimé en Sorbonne son premier ouvrage (1), lorsqu'en 1485 un libraire

(1) En 1469, furent imprimées les *Epîtres* de Gasparini Barzizio, l'un des érudits italiens qui, dès la fin du xive siècle, entreprirent cette restauration de la rhé-

nommé Guy ou Guyot Marchand, *demeurant au grant hostel du collège de Navarre, en Champ-Gaillart*, publia un petit in-folio ayant pour titre : *la Danse Macabre*. On trouve à la bibliothèque de Grenoble un exemplaire, peut-être unique aujourd'hui, de cette édition que plusieurs autres suivirent bientôt. Quel rapport y a-t-il entre ce livre et les représentations qui avaient été données soixante ans auparavant dans le cimetière des Innocents ? C'est une question intéressante à laquelle toutefois on ne peut guère répondre que par des conjectures.

Des vers avaient été sans doute prononcés dans les représentations des Innocents ? Avaient-ils été

torique qu'on a long-temps considérée comme le réveil de l'esprit humain. On y lit des vers latins qui finissent ainsi :

> Primos ecce libros quos hæc industria finxit
> Francorum in terris, ædibus atque tuis.
> Michael Udalricus, Martinusque magistri
> Hos impresserunt : ac facient alios.

Que de choses dans les trois derniers mots !

dits par des personnages figurant eux-mêmes la Danse funèbre? Avaient-ils été récités par des baladins qui montraient la Danse peinte sur des tapisseries ou sur des panneaux de bois? Peu importe. Ces vers devaient contenir les paroles que la Mort adressait successivement à tous les personnages, et celles que les personnages répondaient à la Mort. Il suffit d'avoir jeté les yeux sur quelques uns des mystères du Moyen-Age pour se convaincre que ce long dialogue de la Mort et des humains pouvait paraître une pièce complète aux yeux de nos ancêtres. Mais une fois qu'on avait ainsi mis le spectateur en haleine, il n'est pas à présumer qu'on le renvoyât chez lui sans ajouter la petite pièce à la grande. Ainsi, on conçoit très bien qu'après la Danse macabre on ait donné aux Innocents d'autres dialogues plus courts, empruntés aux mêmes idées, et destinés à les compléter.

Si tel a pu être le programme des représentations du cimetière des Innocents, il faut reconnaître que la *Danse Macabre* publiée par Guy Marchand n'en a été qu'une répétition altérée ou embellie. Le manuscrit de la pièce originale aura été copié et aura passé de main en main ; puis l'imprimerie l'aura reproduit en y faisant quelques corrections faciles pour l'adapter au goût du temps, et en remplaçant les miniatures enluminées par des gravures sur bois.

En 1486, Guyot Marchand donna une seconde édition de la *Danse Macabre*, qu'on peut voir à la Bibliothèque du Roi à Paris. On y trouve, comme dans la plupart des livres du xve siècle, deux titres, l'un au commencement, et l'autre à la fin. Sur la première page, on lit tout au haut :
« Ce présent livre est appelé *Miroèr salutaire*
» pour toutes gens et de tous estats, et est de
» grant utilité et recréation, pour plusieurs en-
» seignements tant en latin comme en francoys,
» lesquels il contient, ainsi composé pour ceulx
» qui désirent acquérir leur salut, et qui le vou-
» dront avoir. » Puis au bas : « La Danse Macabre

» nouvelle. » La dernière page porte : « Danse
» Macabre nouvelle, hystoriée, augmentée de
» plusieurs nouveaux personnages et beaux dis,
» et les trois morts et les trois vifs ensembles,
» nouvellement ainsi composée et imprimée par
» Guyot Marchand, demorant à Paris, au grant
» hostel du Collège de Navarre, en Champ Gail-
» lart, l'an de grâce mil quatre cent quatre-vingz-
» et-six le septième jour de juing. »

Par la comparaison de cet ouvrage avec le livre de Blois, qui est conservé au cabinet des estampes, on se convaincra aisément que la Danse Macabre était une Danse des Morts particulière à notre pays, et qu'elle comprenait nécessairement la légende des trois morts et des trois vifs : d'où l'on peut conclure encore en toute rigueur que, comme il n'y a point de Danse macabre sans la légende de saint Macaire, c'est cette vision même qui a fait donner le nom de Macabre à la Danse des Morts usitée en France.

Le caractère des gravures qui accompagnent la

publication de Guyot Marchand est, pour le temps, extrêmement remarquable. Les personnages ne se tiennent point tous par la main, de manière à former une véritable ronde, comme dans les peintures de la Chaise-Dieu et de Lubeck; ils sont groupés deux à deux, sous ces arcades en anse de panier qu'on regarde communément comme une marque du règne de Louis XII, et qui, on le voit, étaient déjà pratiquées pendant la minorité de Charles VIII. Le dessin des figures se ressent encore du style à la fois grand et fin de nos vitraux du XIVe siècle; les têtes, douées d'une belle expression, sont aussi plus achevées qu'on ne l'attendrait d'une époque où les artistes italiens n'étaient pas encore venus en France; elles permettent de penser qu'il y avait dans notre pays, au Moyen-Age, des peintres dignes de rivaliser avec les disciples les plus élégants des anciennes écoles de Cologne et de Florence.

A l'édition du 7 juin 1486, se trouve annexé, dans l'exemplaire de la Bibliothèque du Roi, une sorte de supplément, qui porte la date du 7 juillet de la même année, et qui renferme trois pièces différentes; d'abord la *Danse Macabre des femmes*, en vers de huit syllabes, sans gravures ; ensuite le *Débat du Corps et de l'Ame*, accompagné de dessins où le Corps est représenté sous la forme d'un cadavre se levant de la tombe, et l'Ame sous celle d'un enfant nu, s'entretenant avec le corps, au bord de son sépulcre; enfin la complainte de *l'Ame damnée*, en vers alexandrins, mesure qui disparut presque entièrement au temps de François Ier, pour redevenir le véritable mètre français entre les mains de Ronsard.

Le 2 mai 1491, Guyot Marchand publia une édition dont celle du 7 juillet 1486 semble n'avoir été que l'ébauche ; il la fit paraître, enrichie de gravures, sous le titre : *la Danse Macabre des femmes, toute hystoriée et augmentée de pleuseurs personnages et beaux dictes en latin et françois*, etc. Il ajouta à cette publication du 2 mai 1491, avec la date antérieure du dernier avril 1491, un supplément à la tête duquel il est écrit : « S'ensuivent *les Trois Morts* et *les Trois Vifs* « avec le *Débat du corps et de l'âme*. » C'était un ressouvenir des petites pièces jouées autrefois après la grande.

Dans cet appendice, qu'on pourra voir à la Bibliothèque du Roi, la légende de saint Macaire se trouve répétée en vers latins rimés, avec des changements qui annoncent une littérature déjà savante. On n'y voit plus seulement trois rois rencontrant trois morts, comme dans la composition primitive, marquée de cet imposant caractère d'uniformité que le Moyen-Age a porté dans toutes ses œuvres. Trois personnages différents, un roi, un juriste, une femme, y représentent la vaine puissance (*vana potentia*), la vaine science (*vana prudentia*), la vaine beauté (*vana pulchritudo*), et entendent condamner leur vanité par la bouche de trois squelettes, également différents, qu'ils rencontrent. Les vers français qui sont dans toutes ces éditions sont les mêmes qu'on retrouve dans le livre de Blois; et comme ils ressemblent exactement, pour la mesure et pour le style, à ceux du *Bréviaire des nobles*, de maître Alain Chartier, je pense qu'ils devaient différer peu de ceux que le duc de Berry avait fait graver, en 1408, sur le portail des Innocents, et que Dubreul n'a pas voulu citer pour ne pas surcharger son livre.

Guyot Marchand donna encore, jusqu'en l'année 1499, plusieurs autres éditions de *la Danse Macabre*, qu'il rajeunit par des titres nouveaux et par de nouvelles combinaisons. L'une de ces publications porte un titre facétieux qui, pris au sérieux, a fait faire une conjecture singulière sur le mot *macabre* : « *Chorea ab eximio Macabro versibus alemanicis edita, et a Petro Desrey emendata. Parisiis, per magistrum Guidonem Mercatorem pro Godeffrido de Marnef*, 1490. » La dernière partie de cette plaisanterie explique suffisamment la première. Qu'est-ce, en effet, que ce nom emprunté de

« Godeffrido de Marnef » avec sa maladroite particule française, et ses deux lettres initiales qui correspondent aux initiales de Guyot Marchand? Ne dit-il pas lui-même assez hautement qu'il a été forgé par le libraire parisien, dans l'intention de donner au livre une apparence germanique, et de le faire sûrement agréer des Allemands? Si cette édition n'avait pas été adressée particulièrement à nos voisins d'outre-Rhin, pourquoi aurait-elle été traduite en latin? Tout le monde en France n'entendait-il pas bien le français des éditions précédentes? L'Allemagne a presque toujours écrit en latin au Moyen-Age ; au xve siècle, Agricola et Reuchlin lui apprirent à parler cette langue avec une pureté que la France ne retrouva qu'au commencement du siècle suivant, sous le règne de François Ier. Guyot Marchand pouvait donc se promettre d'écouler ses gravures en Allemagne, s'il les y envoyait accompagnées d'un texte latin. Plus tard, nous le verrons, les éditeurs français de *la Danse des*

Morts d'Holbein eurent la même pensée, et l'exécutèrent plus sérieusement. Mais le libraire du xv° siècle, encore tout plein de la vieille gaieté gauloise, eut la belle idée de flatter le patriotisme germanique en se disant lui-même le mandataire de Godefroy de Marnef, et en faisant de son humaniste Pierre Desrey, qui travaillait évidemment sur les éditions françaises, le traducteur des vers allemands du bonhomme Macabre (*eximio Macabro*). Il faut que nous soyons bien dégénérés, puisque ceux de nos auteurs qui ont eu ce point à débattre ont donné dans le piége où il n'est pas bien sûr que les Allemands du xv° siècle soient tombés.

Un Saxon qui vivait au commencement du dernier siècle avait, il est vrai, donné l'exemple à nos critiques et tellement embrouillé toute cette question en peu de lignes, qu'il n'était peut-être pas aisé de l'éclaircir. Fabricius, qui entendait refaire le glossaire de Ducange, en composant sa *Bibliotheca latina mediæ et infimæ ætatis*, n'a eu rien de mieux à dire sur la Danse Macabre que ce que lui avaient appris les facéties de Guyot Marchand. Son article, qui, jusqu'à ce jour, a été considéré comme le seul document faisant autorité dans la matière, veut être cité tout entier ; il faut qu'on voie sur quels légers fondements s'appuient quelquefois les jugements des érudits.

« MACABER *auctor* SPECULI MORTICINI, *sive*
» *speculi choreæ mortuorum, non tamen latine*
» *ab eo compositi, sed rhythmis germanicis,*
» *quos latinis circa A. 1460, reddidit Petrus*
» *Desrey Trecacius orator. Latinos vulgavit*
» *Goldastus ad calcem speculi omnium statuum*
» *totius orbis terrarum, auctore Roderico Za-*
» *morensi, Hanov. 1613. 4. Antiquior hæc est*
» *chorea mortuorum similibus plerisque ejusdem*
» *argumenti poetarum ac pictorum lusibus, quos*
» *B. Paulus Hilscherus, noster cùm viveret ami-*
» *cus, descripsit in peculiari libro, jucundo lectu*
» *atque erudito, edito Dresdæ A. 1705. 8. Sunt*
» *autem vel imagines mortis, adpositis versibus,*

» ære descriptæ, elligno in libro aliquo ut in Har-
» tmanni Schedellii Chronico, Norimb. 1493.
» fol. In marginibus officiorum eccles. quotidia-
» norum Paris. 1515. 8. in quo figuræ LXVI.
» In Georgii Æmilii imaginibus mortis, Lugd.
» 1542, 1547, 8. Colon. 1567. 8, etc. vel in tem-
» plis, arcibus, basilicis, ut Mindæ in Westpha-
» liâ, A. 1383.

» Lubecæ in porticu templi mariani. A. 1463.

» Annabergæ, A. 1525.

» Dresdæ in arce Georgii Ducis, A. 1534.

» Basileæ in cænobio Augustinianorum, auc-
» tore Jo. Holbeinio pictore Clarissimo. A. 1543.

» Lipsiæ in aulâ Aurbacensi. »

Comme personne n'a jamais vu les œuvres originales du prétendu poëte Macaber (1), Fabricius

(1) Il est une autre étymologie du mot macabre, qui serait plus spécieuse, et que nous nous abstenons cependant de combattre. Comme on cite un troubadour du nom de Marchabres, qui était originaire du Poitou, et à qui on attribue quelques fragments d'un sirvente, on a cru, sans autre fondement, que c'était lui

était fort embarrassé pour en citer le titre original : aussi a-t-il donné le choix à son lecteur entre *speculum morticinum* et *speculum choreæ mortuorum*. Il a évidemment emprunté ce titre aux éditions françaises, que Guyot Marchand a intitulées tout à la fois *Miroer salutaire* au haut de la page, et *Danse Macabre* au bas. S'il y avait eu jamais un poëte allemand du nom de Macaber, c'était assurément au lexicographe allemand à nous dire quelles en étaient les œuvres. Loin de pouvoir nous les montrer, il ne les connaît lui-même que par cette prétendue traduction latine qu'en a donnée Pierre Desrey (1). Bien mieux, il

qui avait donné son nom à la danse des morts. Voyez la suite de l'*Histoire littéraire des Bénédictins*, xiiie siècle.

(1) Nous avons indiqué plus haut le titre de la première édition de cette traduction. Voici celui de la seconde, à laquelle se rapporte la citation de Fabricius : « Chorea » ab eximio Macabro versibus alemanicis edita et à » Petro Desrey Trecacio quodam oratore nuper emen-» data. Parisiis, per magistrum Guidonem Mercatorem » pro Godeffrido Marnef. 15 octobre 1499. » Observez que cette fois, et sans doute sur les observations de

n'a même vu aucune des éditions originales de cette traduction. Il la fait remonter à l'année 1460, tandis qu'il est certain qu'elle a été publiée pour la première fois en 1490; il ne la connaît que par la reproduction que le compilateur Goldast en a faite en réimprimant un autre ouvrage. La grande autorité qu'il cite ensuite est celle d'un de ses amis, qu'il recommande en passant au lecteur, et qui en décrivant la Danse des Morts du palais du duc Georges de Saxe, avait dit quelques mots sur les autres monuments du même genre. Quand il arrive à la nomenclature des ouvrages où l'on trouve des images de la mort, il nomme le livre latin de Georgius Æmilius sans se douter que c'est là, comme nous le ferons voir, une édition des gravures d'Holbein destinée à l'Allemagne; au contraire, plus bas, lorsqu'il cite les peintures de Bâle,

---

quelque Allemand, Guyot Marchand a supprimé la particule *de* devant le nom de Marnef. Quant à l'auteur de la traduction, Pierre Desrey, de Troyes, M. Peignot l'a fait connaître par quelques détails intéressants, p. 109.

il les attribue à Holbein, qui n'y a jamais touché, il les fait exécuter en 1543, au lieu de 1441, et dans le couvent des Augustins au lieu du cloître des Dominicains. Après tant d'erreurs, quel crédit pourrait-on encore accorder à Fabricius? et comment, sur sa seule parole, et sans autres détails, pourrait-on décider que la fresque de Minden, qui n'existe plus, a été réellement peinte en 1383? Lorsqu'on rapproche cet article de celui de don Carpentier, on a peine à comprendre comment nos critiques, qui avaient un guide sûr dans le savant glossateur français, ont été s'égarer sur les traces obscures d'un compilateur étranger.

Quant aux publications du libraire Guyot Marchand, auxquelles il est temps de revenir, elles eurent un si prodigieux succès, que de toutes parts on s'ingénia à les reproduire. Il y eut à Paris des éditeurs qui firent graver de petites danses des morts et qui les mirent aux marges des livres d'heures; puis, pour ajouter au débit, leur esprit étant dès lors fertile en expédients, ils traduisirent leurs heures en espagnol, en italien, en anglais, en latin ; et non contents encore de spéculer ainsi sur la curiosité des étrangers, ils firent des heures particulières à l'usage de Paris, d'Angers, de Soissons, de Reims, de Rome, de Rouen, de Troyes, de Citeaux, de façon à tirer de leurs gravures plus de services qu'un romancier n'en tire aujourd'hui de ses inventions.

Promptes dès lors à imiter les modes de Paris, les villes de province commencèrent aussi bien vite à donner des éditions de la *Danse Macabre*. Celle qui la reproduisit avec le plus de fidélité et de constance fut la ville de Troyes en Champagne. Au milieu du siècle dernier, elle n'avait pas cessé de la réimprimer sous son titre primitif ; les efforts mêmes qu'elle faisait alors pour « *en* » *renouveler le vieux gaulois en langage plus* » *poli* » étaient empreints de la naïveté des temps anciens. Mais il était une autre ville de France qui, au commencement du xvie siècle, était en mesure de devancer même Paris dans la voie des innovations, et où l'esprit de la Renaissance devait modifier de bonne heure les images gothiques de la ronde funèbre : je veux parler de Lyon, qui eut sous le règne de François Ier une fortune brillante à laquelle il n'a encore manqué qu'un historien. C'est là que fut publiée la Danse des Morts, dessinée, avec un goût tout nouveau, par le peintre Hans Holbein, dont il faut que nous commencions par examiner rapidement la vie et les ouvrages

X.

HANS HOLBEIN, LE JEUNE.

Holbein est un des plus heureux génies qui brillèrent au nord des Alpes, dans les premières années du xvie siècle. Il représente parfaitement l'époque où le goût italien, pénétrant parmi les nations de race tudesque, commença à transformer les anciens types de leur art, sans pourtant les faire encore disparaître. Par son origine, il se rattache aux gothiques; par ses tendances il appartient à la Renaissance. Il revêtit les idées d'autrefois d'un costume nouveau où perce le sentiment de la régularité classique; il conserva à ses innovations les plus hardies l'air ingénu des temps passés. Ce double caractère qui distingue sa Danse des Morts est empreint dans tous ses autres ouvrages.

Son père, qui s'appelait comme lui, Hans Holbein, était un peintre de la vieille école. A la fin du XVᵉ siècle, il demeura quelque temps à Augsbourg, qui faisait un commerce considérable avec l'Italie, et qui, on peut s'en convaincre par l'œuvre de Hans Burgkmayr, entra aussi promptement en communication avec les artistes ultramontains. Le vieil Holbein n'était pas homme à se plier à leurs méthodes; j'ai vu, au musée d'Augsbourg, deux tableaux de sa main, où l'on retrouve cette distribution naïve, ce coloris transparent, ces figures élancées, ces airs de tête mélancoliques, qui m'ont paru caractériser les écoles formées sous l'influence de l'architecture ogivale. Peut-être ce pauvre artiste, fidèle à ses traditions surannées, ne put-il pas trouver longtemps à s'occuper dans une ville tout ouverte aux choses nouvelles. Vers l'année 1498, il quitta Augsbourg; il traversa quelques villes de la haute Allemagne, séjourna au pied du Taunus, à Grunstadt, l'ancienne résidence des comtes de Linange-Westerbourg, et enfin s'arrêta à Bâle, où l'imprimerie fournissait des moyens assurés d'existence à qui savait tenir un crayon.

Dans ses migrations, il emmenait avec lui toute une jeune famille. Ambroise Holbein, qui paraît être l'aîné de ses fils, était né en 1484, et par conséquent à Augsbourg. Il fut peintre comme son père, exerça son art à Bâle, et vers 1521 grava des bordures pour des livres publiés dans cette ville par J. Froben. Valérius Holbein, à qui on attribue un portrait peint vers 1562 (1), fut-il le second fils du peintre d'Augsbourg? Hans Holbein, qu'on a surnommé le Jeune, est le seul de ses enfants qui ait acquis une véritable renommée. S'il vit le jour en 1495 ou en 1498, à Augsbourg, à Grunstadt, ou à Bâle, on ne saurait le décider. Il y eut encore un

(1) Voyez le *Dictionnaire des monogrammes*, par Fr. Brulliot. Munich, 1832.

autre Holbein (1), dont le prénom était Sigismond, qui vint aussi à Bâle, qui y gravait d'après les dessins de Martin Schœn et d'Albert Dürer, et qu'on croit avoir été le frère de Hans le vieux, et l'oncle de notre artiste.

Comment le jeune Hans passa-t-il ses premières années? il fut élevé à Bâle dans l'atelier de son père; mais n'eut-il point d'autre maître? j'ai vu dans la Pinacothèque de Munich un beau portrait signé par lui en 1517, et représentant le comte Fugger d'Augsbourg, qui était le plus riche banquier de l'Europe. Ce portrait est évidemment d'un élève des Vénitiens; à la couleur dont il est peint, au costume dont il est revêtu, on dirait que l'auteur sortait de l'atelier du Titien lorsqu'il y mit la main. Le comte Fugger, qui avait des vaisseaux sur toutes les mers, des

(1) De nos jours le nom d'Holbein a été de nouveau porté par une artiste, Thérèse Holbein, née à Gratz en Styrie, qui gravait à Vienne, en 1812, des paysages d'après Everdingen et Molitor.

comptoirs dans tous les pays, qui battait monnaie en son nom, qui prêtait à l'Empereur, qui engageait des tonnes d'or pour la rançon des rois, n'était pas homme non plus à poser devant un artiste qui se serait présenté à lui sans éclat ; mais que le jeune Holbein ait passé à Augsbourg en revenant de Venise, qu'il ait fait valoir, avec le souvenir de son père, un talent formé sous les grands maîtres de l'Italie, et l'on comprend que le prince des financiers du XVIe siècle ait dérobé, en sa faveur, quelques heures à ses vastes affaires. Nous avons à Paris une autre page du même artiste, qui parle aussi hautement de son voyage en Italie : c'est cette Cène qu'on voit dans la première salle du Louvre, et qui est une admirable étude faite par un Allemand d'après la grande peinture de Léonard de Vinci. On retrouve dans le tableau d'Holbein des figures qui sont presque entièrement copiées sur la fresque de Milan.

Après avoir ainsi dirigé, vers la Lombardie et

vers Venise, le voyage que tout artiste entreprenait alors avant de passer maître, Holbein revint à Bâle. Les travaux qu'il y entreprit tout d'abord ne sont guère plus connus que les premières études qu'il y avait faites. Il est probable qu'il y fit beaucoup plus de gravures que de tableaux. Dès l'année 1519, peu après son retour, il signait le frontispice d'un des ouvrages qu'Erasme faisait imprimer chez Froben : « *In epistolam Pauli ad Galatas paraphrasis per Erasmū Rotterdumū, Basiliæ apud Joannem Frobennium, mense augusto anno M.D.XIX.* » Peu après il ornait aussi un bref de Léon X : « BREVE *Sanctissimi Domini nostri Leonis X, summi pontificis, ad Desyderium Erasmum Rotterodamum; ejusdem Beatissimi patris ad Henricum Angliæ regem alterum breve commendatitium pro Des. Erasmo.* » En 1521 il signait un portrait gravé d'Erasme. En 1523, il ornait le passe-partout d'un ouvrage intitulé : « *Catalogus omnium Erasmi Rotterodami Lu-*

» *cubrationum, ipso autore. Cùm aliis nonnul-*
» *lis, Basiliæ in ædibus Joannis Frobenii,*
» *mense aprili añi* **M. D. XXIII.** » Ces pièces, où l'on voit son chiffre tracé de diverses manières, passent pour avoir été gravées par lui (1). Graver le portrait d'Érasme, orner le catalogue que ce grand homme avait lui-même dressé de ses œuvres, et les lettres que Léon X lui écrivait, ce n'était pas faire une œuvre vulgaire; et ces travaux prouvent qu'Holbein fut de bonne heure connu d'Érasme et honorablement apprécié par lui.

Érasme était alors dans le moment le plus solennel de sa vie; il avait long-temps montré dans les Pays-Bas, en France, en Angleterre, en Italie, ce qu'étaient l'urbanité, l'esprit, le crédit d'un rhéteur antique; mais il ne s'agissait plus pour lui maintenant de briller aux yeux des princes, et de répandre son nom parmi les peu-

(1) Voyez Brulliot. *Dictionnaire des monogrammes.* Passim.

ples. Appuyé à Bâle sur la presse de J. Froben, il venait de faire éclater le grand projet de sa vie; il avait entrepris de réformer la théologie catholique, de faire prévaloir dans l'école, sur la méthode dogmatique du Moyen-Age, la méthode critique et littéraire de la Renaissance; comme si ce n'était pas assez de se proposer un but si difficile, il voulait l'atteindre sans offenser ni le pape, qui redoutait son audace tout en se parant de son amitié, ni Luther, qui gourmandait sa timidité tout en se mettant sous sa protection. Un homme aussi haut placé, aussi circonspect, que l'était Érasme, n'aurait certainement pas admis Holbein dans sa familiarité, s'il n'avait reconnu en lui le talent qui donne la réputation, et la prudence qui la conserve.

Il est vrai qu'Érasme était fort accessible à la vanité; qu'il avait la faiblesse, de nos jours encore assez commune, de donner des brevets d'immortalité à tous ses admirateurs, et qu'Holbein l'avait flatté en composant des dessins pour orner l'*Eloge de la folie*. Je pense néanmoins que l'estime d'Érasme pour notre peintre était sérieuse, et que celui-ci la méritait par une vie digne d'une si grande amitié.

Il s'est pourtant trouvé à la fin du XVIIe siècle un écrivain qui a représenté Holbein comme un ivrogne, un libertin et un vagabond. Nicolas Gueudeville, dont le nom est assez obscur aujourd'hui, a occupé autrefois l'Europe par les écarts de sa conduite et par l'effronterie de ses écrits. Placé dans la congrégation de Saint-Maur à l'époque où elle comptait parmi ses membres les Mabillon et les Montfaucon, il montra que le savoir, dont cette illustre société était l'asile, pouvait aussi quelquefois égarer un cœur mal préparé. Il quitta son habit, se retira en Hollande, s'y maria et s'y fit gazetier pour attaquer la France, dont il n'épargna ni les grands écrivains ni les grands capitaines. Dans ses loisirs il mettait en français les livres latins, où les penseurs du XVIe siècle avaient fait une libre satire des institutions sociales. En publiant à Leyde, en 1713, la traduction de l'*Éloge de la folie* d'Érasme, il y joignit une Vie d'Holbein, qui a été ensuite répétée par tous les biographes, quoiqu'il n'y eût cité aucune des sources où il avait puisé, et qu'il eût semblé se plaire à faire l'histoire de notre peintre d'après la sienne.

C'est Gueudeville qui a raconté qu'Holbein, réduit à la pauvreté par le libertinage, et ayant usé tout son crédit à Bâle, n'avait plus eu d'autre ressource que de s'expatrier, qu'il était arrivé en mendiant l'aumône jusqu'à Strasbourg; que là, ayant été frapper à la porte d'un peintre, et étant demeuré seul un instant dans son atelier, il avait peint, sur le tableau commencé, une mouche faite pour tromper l'œil de l'artiste lui-même; que néanmoins, étant bientôt retombé dans le besoin, il s'était acheminé vers l'Angleterre; qu'arrivé à Londres, il avait remis à Th. Morus une lettre d'Érasme; que ne pouvant retrouver le nom d'un comte sur la foi duquel il était venu en Angleterre, il en avait aussitôt crayonné le portrait et l'avait fait très bien reconnaître; qu'après deux ans passés dans la maison de Th. Morus, il avait été présenté par lui à Henri VIII; que le roi d'Angleterre l'avait pris à son service, l'avait protégé contre l'importunité de ses grands seigneurs, et avait répondu aux plaintes d'un lord maltraité par le peintre : *qu'il pouvait bien faire de quatre paysans quatre comtes, mais non pas de quatre comtes un seul Holbein.* La plupart de ces anecdotes se trouvent dans le livre qu'Horace Walpole (1) a consacré, au milieu du dernier siècle, aux peintres de son pays. Mais je n'ai pu en retrouver la trace dans les auteurs contemporains de notre artiste. La

(1) *Anecdotes of painting in England, by George Vertue, digested and published by Horace Walpole.* 1762, 4 vol. in-4°. — On en trouve des extraits assez mal faits dans un ouvrage publié à Paris, in-8°, en 1807, sous ce titre : *Les Beaux-Arts en Angleterre*, traduit de l'anglais de *M. Delaway*, avec des notes de Millin. Presque en même temps, on donnait à Londres une nouvelle édition du livre de Walpole : *Anecdotes of painters who have resided or been born in England*, 1806.

lettre par laquelle Erasme recommanda Holbein à Th. Morus n'est point imprimée dans la correspondance du philosophe de Rotterdam, et je l'ai aussi vainement cherchée dans les recueils ordinaires des lettres du chancelier d'Angleterre. Ce grand homme, qui a quelquefois parlé de la peinture et des peintres dans ses épigrammes, n'y dit rien non plus de l'artiste auquel il a donné l'hospitalité; en sorte que pour achever d'esquisser les principaux traits de la biographie d'Holbein, nous n'avons guère d'autres renseignements que ses propres ouvrages.

Il paraît certain que c'est en 1526 qu'Holbein quitta Bâle. Il y avait déjà obtenu les honneurs de la popularité; car je pense que c'est avant cette époque qu'il avait peint une danse de paysans dans le marché aux poissons de sa ville. Quel motif l'en fit donc partir? La cour d'Angleterre, qui était dès lors une des plus polies de l'Europe, recrutait des artistes dans tous les pays; elle attira Mabuse, qui était né en France, à Maubeuge, qui avait visité l'Italie, et qui finit par se fixer en Hollande; elle retint L. Cornelis, qui était le fils de Cornélius Engelbrechtsen, le maître de Lucas de Leyde; il n'est donc pas surprenant qu'elle ait fait faire des propositions à un homme d'un aussi grand talent qu'était celui d'Holbein. Il paraît qu'elles lui ont été adressées par quelqu'un de ces grands seigneurs anglais qui, dès lors, prenaient la voie du Rhin pour aller visiter l'Italie, non pas toutefois, comme le pense Horace Walpole, par Henri Howard, comte de Surrey, qui fut, à la vérité, l'un des principaux promoteurs de la Renaissance anglaise, mais qui ne faisait que de naître lorsque notre artiste passa en Angleterre.

Holbein dut porter une lettre d'Erasme à Th. Morus. Erasme avait passé en Angleterre les années les plus heureuses de sa vie; c'était là qu'il avait contracté ces goûts délicats qui le suivirent partout; c'était vers ce pays qu'il tournait toujours les yeux, lorsqu'il était tenté d'échanger sa médiocrité indépendante contre une chaîne dorée. Parmi les hommes avec lesquels il y avait vécu, aucun ne lui était plus cher que Morus ; toujours il l'avait trouvé aussi enjoué que lui dans ses paroles et aussi sérieux dans ses idées ; il partageait cette inflexible modération qui fit monter le chancelier sur l'échafaud ; il aurait imité sa résistance, il loua son héroïsme. Il n'y avait pas en ce moment dans l'Europe deux hommes plus semblables, plus haut placés par leur esprit, plus étroitement unis par l'affection. Il n'est donc pas surprenant que Morus ait accueilli comme un ami le peintre qu'Erasme lui envoyait ; on place ordinairement dans l'œuvre d'Holbein une composition qui se rapporterait au temps qu'il passa à Chelsea, dans la maison de campagne de son nouveau protecteur ; c'est une peinture où Th. Morus est représenté entouré de toute sa famille, de son père, de son fils, de sa femme, de ses filles et même de son fou qui a la mine d'un honnête homme, et qui porte écrit au-dessus de sa tête : *Henricus Patensonus Th. Mori Morio* (1), *annis XL*. Mais cette légende, qui n'était point dans les habitudes d'Holbein, suffirait pour faire élever des doutes sur l'authenticité de la page où elle se trouve.

Lorsque Holbein eut passé de la maison de Morus dans le palais du Roi, il eut auprès de l'aristocratie anglaise un succès dont on trouve les preuves dans la galerie de *Hampton-Court*. La collection des esquisses qu'il jetait sur le papier a été publiée à Londres en 1792, par John Chamberlaine, et forme une galerie complète des contemporains les plus illustres d'Henri VIII. Sur toutes ces figures, tour à tour fines, voluptueuses, austères, inquiètes, équivoques, méchantes, on voit empreint le caractère d'une cour que l'esprit animait, que le plaisir troubla, que les supplices

(1) Ce mot rappelait Erasme, qui, en dédiant l'*Eloge de la Folie* (*Encomium moriæ*) à Morus, avait joué avec le titre grec de son livre et le nom patronymique de son ami.

assombrirent, que la vertu maudit. On y remarque, parmi les amis d'Erasme et de Morus, le savant Colet, qui régénéra les études en Angleterre, et qui porte son intelligence peinte sur sa physionomie grave et belle; parmi les poëtes de la cour, lord Nicolas Vaux, qui fut, en Angleterre, l'un des premiers élèves du goût italien; parmi les confidents des tragédies d'Henri VIII, Th. Cromwell, qui, de domestique du cardinal Wolsey, devint vicaire général de l'Eglise d'Angleterre pour tomber trois mois après sous la hache du bourreau, et dont la figure fleurie est pleine d'une astuce cachée sous une bonhomie mielleuse; parmi les favoris du Roi, le jeune Elliot, qui fut employé dans les négociations, et le vieux John Russel, qui combattit à Pavie contre la France; parmi les royales victimes d'Henri VIII, Anna Bollein, spirituelle, encore belle, la lèvre épaisse, la figure déjà un peu trop soufflée par la prospérité; Jeanne Seymour, la finesse et la distinction mêmes; Anne de Clèves, avec son visage allongé dont l'indifférence pouvait passer pour une tristesse poétique; Catherine Oward, animée plutôt que jolie, enjouée, et d'un embonpoint naissant; parmi les enfants du Roi, le jeune Édouard VI, d'abord prince de Galles, tout enflé de la corpulence paternelle, puis couronné, avec un profil sérieux, décidé, qui annonce le protecteur de la réformation; la reine Marie, forte et fière, et ayant choisi dans les traits de son père ceux qui indiquent la férocité; Elisabeth, dans ses premières années, déjà remarquable par un grand air d'intelligence et de volonté; enfin le Roi lui-même, accablé sous le poids de cette santé fatale qui s'entretenait au milieu des passions et des crimes (1).

Indépendamment de ces portraits, on voit, dans les galeries de l'Angleterre, des tableaux de moyenne grandeur, qui représentent les princi-

(1) Dans cette collection, il y a évidemment des portraits qui sont mal nommés. Je citerai ceux qu'on suppose représenter Calvin, Mélanchthon et Clément Marot.

pâles actions du règne de Henri VIII, et qu'on attribue aussi à Holbein. Si l'on admet que l'entrevue du monarque anglais avec l'empereur Maximilien, sa rencontre avec François Ier, son embarquement à Douvres, ont été retracés par le peintre de Bâle, il faut supposer qu'on le fit travailler sur des événements auxquels il n'avait point assisté. L'auteur a trop conservé de la manière gothique, pour avoir pu donner à ces pages la vie, le mouvement, l'heureux désordre que nous y cherchons; on y remarquera néanmoins toujours avec intérêt les premiers efforts de la peinture historique, des portraits curieux, des costumes exacts et pittoresques. Holbein a toujours parfaitement habillé ses personnages; et lorsqu'il a parfois représenté des Romains, il ne leur a point donné l'uniforme des lansquenets, comme faisaient encore dans ce même temps les meilleurs élèves d'Albert Dürer; il leur a rendu la tunique et la toge avec un bonheur qui témoigne d'une étude assidue de l'antique.

A partir de l'époque où Holbein arriva en Angleterre, les événements de sa biographie se suivent dans un ordre mieux connu. Il descendit chez Thomas Morus, à Chelsea, en 1526; en 1528, il passa au service du roi, qui le logea à Whitehall, et lui donna des appointements de 30 livr. sterl. par an. En 1529, il reparut à Bâle, où il avait sans doute envie de faire admirer sa belle fortune, et où il allait peut-être chercher ses enfants. En 1530, il retourna à Londres. C'est en cette même année, après la disgrâce de Wolsey, que Thomas Morus fut nommé grand chancelier; au bout de trois ans, prévoyant déjà les orages, ce grand homme se démettait de ses charges, et se retirait de nouveau à Chelsea, d'où il ne devait sortir que pour monter, en 1535, sur l'échafaud. Holbein assista à la catastrophe de son premier protecteur, et il serait curieux de savoir quelle impression elle produisit sur lui. Il était demeuré à la cour, et ne la quitta qu'un instant en 1538. Il revint alors à Bâle; il n'y trouva plus Érasme, qui n'avait survécu que d'une année à Thomas Morus ; on peut croire néanmoins qu'il manifesta l'intention de s'y fixer, et d'abandonner l'Angleterre, où sans doute il était las de vivre dans un palais tout taché de sang. En effet, le magistrat de la ville lui fit une pension, à la condition que, sous deux ans, il aurait quitté Londres. Holbein revit la cour et reprit sa chaîne. Dès l'année suivante, en 1539, pour satisfaire les caprices sans cesse renaissants d'Henri VIII, il venait sur le continent faire le portrait d'Anne de Clèves. Comme c'était le parti luthérien qui souhaitait l'union du roi avec cette Allemande, il est probable qu'Holbein, qui devenait son agent, inclinait vers la religion réformée. On ne sait trop comment il employa les dernières années de ce règne, ni les six ans que dura celui du jeune Édouard VI. En 1553, lorsque la princesse Marie monta sur le trône, il la représenta dans ses habits royaux. En 1554, n'étant pas encore âgé de soixante ans, il mourut de la peste qui désolait l'Angleterre.

On conserve son portrait à Bâle et Hampton-Court. Dans ces deux peintures on voit bien le même homme; dans la première, jeune, déjà gros, mais plein de bonté, et n'ayant pas encore ce regard ferme que donne la conscience du but entrevu; dans la seconde, plus âgé, plus gros aussi, l'allure fière, le corps cambré, l'air dur à force d'être assuré. A Bâle et à Hampton-Court, on montre aussi deux portraits différents de sa femme; mais, à considérer seulement les gravures qui en ont été faites, on peut se convaincre qu'il est difficile de rapporter ces deux figures à la même personne. On a dit qu'Holbein, comme Albert Dürer, avait rencontré une femme acariâtre, et que, comme lui, c'était pour fuir les orages de sa maison qu'il avait pris le parti de s'expatrier. Faut-il donc voir sa Xantippe dans le portrait de Bâle? Cette grosse femme, accompagnée de ses deux beaux enfants, a, malgré ses épais contours, les marques d'une finesse qui a pu quelquefois troubler la paix du foyer; on croit voir cependant sur sa physionomie une de ces tristesses tranquilles qui sont l'indice d'un tempérament égal; elle paraît, il est vrai, plus âgée que notre artiste, et cette seule disproportion a pu causer tous les ennuis d'Holbein. Quant à la femme que représente le portrait de Hampton-Court, maigre, humble, plaintive, loin de donner des lois, elle semble porter un joug pesant. Je ne pousserai pas plus loin ces conjectures, et, content d'avoir marqué les principaux événements de la vie d'Holbein, je renverrai ceux qui la voudront connaître avec plus de détails au travail que M. Ulrich Hegner a publié récemment à Berlin sur ce sujet.

Bâle a gardé, en dessins et en peintures, quelques uns des plus beaux ouvrages de son artiste. De ce nombre sont plusieurs portraits qui représentent Erasme dans les occupations et les pensées diverses de son existence; Erasme travaillant dans le recueillement; Erasme jetant dans la conversation cet esprit infini qui brille dans ses livres ; Erasme passant fièrement sous un arc romain, comme s'il forçait, par son génie, la porte du monde moderne ; Erasme demi-dieu, devenu Hermès, marquant un des termes du développement de l'espèce humaine. Il faut citer aussi l'admirable portrait de Boniface Amerbach, professeur de droit à l'Université de Bâle (1), fils de l'imprimeur qui compléta la découverte de Guttemberg en substituant au caractère gothique du Moyen-Age, et au caractère long et penché de l'Italie, la lettre ronde dont se servent aujourd'hui toutes les nations de l'Europe. Les portraits du bourgmestre Meier et de sa femme sont célèbres ; pour le naturel et pour l'éclat, ils rivalisent avec les plus rares productions de la palette moderne. Ils ont été répétés, à genoux, devant la fameuse Vierge que possède le musée de

(1) Le portrait de l'illustre imprimeur de Bâle, Froben, l'ami et l'hôte d'Erasme, est à Hampton-Court.

Dresde (1), et qui passe pour être le chef-d'œuvre de l'auteur. Cette madone, aussi belle que celles des Italiens, avec ses donataires, qui sont les plus vivants portraits qu'un Allemand ait peints, résume en effet parfaitement le génie d'Holbein. Né d'un père qui demeurait fidèle aux écoles gothiques, élevé à Bâle, où l'imprimerie avait développé toutes les idées de la Renaissance, façonné encore, à ce qu'il m'a paru, par la vue des merveilles de l'Italie, notre artiste semblait destiné à unir, dans une forme complexe et cependant naïve, la science et la perfection de l'époque nouvelle, à la simplicité et à la vérité de l'épo-

(1) Le musée de Dresde possède un magnifique portrait d'homme, dont je peux faire juger la rareté, en disant qu'on l'a long-temps attribué à Léonard de Vinci, et qu'on l'attribue aujourd'hui à Holbein. Ce portrait, qui, d'après l'opinion des directeurs de la galerie, représenterait un riche joaillier allemand, ami du peintre et vivant comme lui en Angleterre, ne ressemble, cependant, en aucune façon à celui de l'orfèvre Hans van Zarch, qui se trouve dans l'œuvre gravée de notre artiste.

que ancienne. Mais il venait dans un temps où la religion s'affaiblissait au milieu des disputes et de l'hérésie ; il quitta Bâle au moment où le catholicisme allait y être supprimé ; il arriva en Angleterre, presque à l'instant où Henri VIII l'y renversa. Il laisse paraître dans ses ouvrages l'affaissement des croyances, sans y montrer jamais cette inquiétude du doute, qui touche encore à la piété, et qui a été quelquefois aussi féconde qu'elle. De là vient qu'il est ordinairement superficiel dans ses compositions, et qu'il excelle dans le portrait, où il suffit en général de peindre le jeu purement humain des intérêts et des passions. Il rencontra cependant une fois un sujet qui, après avoir beaucoup ému les hommes du temps passé, touchait encore fortement les contemporains ; en s'en emparant avec feu, son talent, qui était aussi mêlé de qualités anciennes et nouvelles, trouva précisément son développement le plus complet, et produisit son œuvre la plus originale.

XI.

LES SIMULACHRES DE LA MORT.

—

Le xvᵉ siècle avait prêté à la pensée de la mort des formes gothiques et bizarres; le xvıᵉ siècle, qui la reçut de lui, la revêtit des formes régulières et savantes de l'Antiquité. La religion l'avait gravée dans l'esprit du peuple par des images empruntées à ses plaisirs; la philosophie venait l'enseigner aux intelligences d'élite en leur offrant les maximes des sages et les chants des poëtes. La ronde funèbre que le Moyen-Age avait formée se dissipait avec l'enfance des peuples; mais tandis qu'elle disparaissait, l'imagination des hommes demeurait frappée d'épouvante par ses refrains monotones, et en redoublait en quelque sorte la terreur en la mêlant aux concerts qui s'élevaient de toutes parts pour fêter la jeunesse et l'affranchissement du monde. Ainsi, l'époque nouvelle consacrait les sentiments de l'époque antérieure tout en les modifiant.

Au commencement du xvi⁰ siècle, la ville de Lyon semblait particulièrement destinée à propager en France le génie de la Renaissance. C'était elle qui profitait de l'effort qui entraînait la monarchie tout entière au midi, vers la frontière italienne. Elle reçut les Génois qui fuyaient devant la faction de Doria, les Florentins que bannissait le despotisme des Médicis, et elle vit le commerce et les lettres s'établir avec ces proscrits dans ses murs. Tandis que François Ier attirait à grands frais des savants et des poëtes à Paris, elle en forma naturellement une colonie qui devint bientôt célèbre. Là quelques amis de Clément Marot, Charles de Sainte-Marthe, Charles Fontaine, Maurice Scève surtout, qui était peut-être le poëte le plus poli de ce temps, unissaient à l'enjouement du maître une science qui faisait pressentir les révolutions de l'époque suivante; là s'était établi le cicéronien Étienne Dolet, élève hardi des imprimeurs et des rhéteurs de l'Italie; là était né et commençait à se faire connaître, à son retour de Florence, le plus célèbre de nos architectes, Philibert Delorme; là le prodige de ce règne, un moine défroqué, un helléniste consommé, un érudit éminent, un philosophe profond, un bouffon effronté, Rabelais, composait son Pantagruel; là étaient accourus des imprimeurs allemands qui favorisaient la liberté des opinions religieuses; là des imprimeurs italiens (1) qui conviaient les es-

(1) Les anciennes publications des presses lyonnaises sont devenues de véritables raretés. A Lyon, deux hommes qui confondent dans leurs affections leur cité et les lettres, M. Coste et M. Cailhava, ont rassemblé à grands frais un grand nombre de ces livres précieux. Je prie M. Cailhava, qui a bien voulu me faire donner communication de la première édition des *Simulachres de la Mort* d'Holbein, de recevoir mes remerciements

prits à l'étude de l'antiquité. Le sol où tombaient toutes ces semences parut aussitôt fécond ; on peut juger, par les vers de Clément Marot, quels étaient les plaisirs qu'il rencontrait dans cette ville, dont les femmes mêmes savaient les langues antiques et cultivaient la poésie avec succès.

Sous le règne de François Ier, un libraire de Lyon eut l'idée de rajeunir les publications de la Danse Macabre, qui, à la fin du siècle précédent, avaient fait la fortune des libraires de Paris, et qui, sous le règne de Louis XII, avaient aussi commencé à occuper les presses de la pro-

bien vifs. Dans un temps où il est devenu presque impossible de se servir des bibliothèques qui sont destinées à l'usage du public, on ne saurait trop apprécier le bonheur de pouvoir profiter des collections particulières qui seules remplacent sérieusement pour nous les bibliothèques des anciennes communautés. M. Cailhava a ajouté lui-même aux richesses de la typographie lyonnaise en publiant, avec beaucoup de luxe et de goût, un manuscrit historié de la bibliothèque de sa ville, contenant sous le titre : *De tristibus Franciæ*, un poëme latin sur les guerres religieuses du xvie siècle.

vince. En cherchant à les accommoder au goût de son siècle, il écarta l'idée gothique du Branle des Morts; il donna à son livre un titre qui indiquait suffisamment l'esprit nouveau dans lequel il l'avait conçu : « LES SIMULACHRES ET HISTORIÉES » FACES DE LA MORT, AUTANT ÉLÉGAMMENT POUR- » TRAICTES, QUE ARTIFICIELLEMENT IMAGINÉES. » Ces mots choisis dans le vocabulaire classique, ces inversions qui rappellent la syntaxe des langues anciennes, ces balancements qui imitent le mouvement des périodes, disaient assez que la Renaissance avait ouvert pour les lettres et pour les arts une ère toute nouvelle.

Une épître dédicatoire, mise en tête du livre, développa tout ce que le titre annonçait. L'éditeur y faisait parade de ses innovations : « *Ces-* » *sent hardyment les antiquailleurs et amateurs* » *des anciennes images de chercher plus antique* » *antiquité.* » Il ajoutait : « *Si Severe empereur* » *romain tenoit en son cabinet, tesmoing Lam-* » *pridius, les images de Virgile, de Cicero,*

» *d'Achilles, et du grand Alexandre pour à icel-*
» *les se inciter à vertu, je ne voy point pourquoy*
» *nous devons abhominer celles par lesquelles on*
» *est stimulé à toutes bonnes opérations.* » Il jugeait devoir conserver les anciennes décorations des cimetières, d'autant qu'ils étaient « *jadis*
» *par Diogénes révisités pour veoir si entre ces*
» *ossements des morts pourroit trouver aucune*
» *différence des riches et des pouvres,* » et que
« *aussi les payens pour se refréner de mal faire,*
» *aux entrées de leurs maisons, ordonnoient fosses et tombeaux en mémoire de la mortalité à*
» *tous préparée.* » Ce libraire, on le voit, était un homme qui connaissait son temps, et qui n'aurait plus su saluer son père et sa mère sans rappeler les formules des anciens.

Après cette dédicace, il mettait dans son livre : *Diverses tables de mort, non painctes, mais extraictes de l'escripture saincte, colorées par docteurs ecclésiastiques, et umbragées par philosophes.* Plus loin, après des exhortations emprun-

tées aux auteurs sacrés, il insérait encore : « *Mé-
» morables authorités, et sentences des philoso-
» phes et orateurs payens pour confirmer les
» vivants à non craindre la mort.* »

L'ouvrage qu'il fit ainsi paraître à Lyon, *soubs l'escu de Coloigne*, en 1538, contenait quarante et un sujets gravés sur bois. L'artiste qui les avait composés, secondant les intentions du libraire, n'avait conservé des anciennes images de la Danse Macabre, que l'idée des diverses conditions humaines aux prises avec la Mort. Il avait brisé les anneaux de cette ronde gothique qui semblait se dérouler dans l'infini, loin de tous les accidents de l'existence terrestre; au lieu de représenter la Mort régnant dans le vide, et y entraînant ses victimes, il l'avait montrée pénétrant dans le monde réel, surprenant les hommes au milieu de leurs plaisirs et de leurs peines, leur donnant tout le temps de les savourer, pour leur mieux faire sentir la rudesse de ses coups. Ainsi, là où ses prédécesseurs avaient fait la peinture de l'empire absolu de la Mort, il avait composé le tableau du royaume divers et agité de la vie. Avec le même esprit il avait changé la physionomie de ses personnages : à la place de ces figures de haut style qui formaient la Danse Macabre, et où paraissaient seulement les formes les plus générales de la nature, il avait peint des êtres marqués d'un caractère prononcé d'individualité, et se présentant naturellement sur la scène variée de la société humaine. Ainsi, comme l'auteur du texte qui accompagnait ses dessins, et avec toute la supériorité d'un incontestable talent, il s'était montré le représentant fidèle des révolutions de la Renaissance.

Les *Simulachres* de la Mort n'eurent pas moins de succès que la Danse Macabre n'avait eu. Les éditions se succédèrent à des intervalles rapprochés et dans les langues diverses de l'Europe (1). Une édition latine, qui est comptée comme la

(1) De 1538 à 1542, la librairie de l'*Escu* de Cologne, où ces images parurent, passa des mains des frères alle-

troisième, et qui parut en 1542, porte le nom d'un Allemand, Georgius Æmilius, qui avait traduit le texte français dans la seule langue qui fût alors commune à l'Europe. Répétée à Lyon par les mêmes presses, en 1547, elle contenait cette fois douze gravures de plus qu'il n'y en avait dans la première. Cette même édition, contenant ainsi cinquante-trois images, fut reproduite textuellement en 1554, sous la rubrique de Bâle, sans que le nom de l'imprimeur y soit marqué, et sans qu'on puisse, par conséquent, décider si elle fut en effet imprimée en Allemagne. Dans l'intervalle, le même livre avait été

mands Trechzel, à celles des frères Frellon, qu'à leur nom seul on peut croire français, et qui imprimèrent une nouvelle activité à leur commerce. Pour les renseignements qu'on pourrait vouloir prendre sur les éditions des *Simulachres de la Mort*, nous renvoyons aux auteurs dont nous n'avons répété les opinions que lorsque nous avons dû les compléter ou les réfuter; s'ils ont commis des erreurs bibliographiques, ce n'est pas à nous à les en reprendre. On pourra voir, dans la nouvelle édition du *Manuel du Libraire*, jusqu'où le savant M. Brunet a suivi et corrigé leurs indications.

plusieurs fois publié par les mêmes libraires de Lyon, en français et en italien. Dans aucune de ces publications, dans aucune de celles qui suivirent pendant tout le cours du xvie siècle, on ne trouve la moindre indication ni sur l'auteur du texte français, ni sur celui des gravures.

Vers le milieu du xviie siècle, un artiste qui s'est rendu célèbre en gravant des paysages et des animaux, Wenceslas Hollar, vint d'Allemagne en Angleterre, et trouva dans une collection qu'on croit être celle d'Arundel, les dessins originaux des images publiées à Lyon au siècle précédent; il les grava sur cuivre, en les ajustant au goût de son temps, et en y joignant des encadrements dus au crayon de Diepenbecke, l'un des principaux élèves de Rubens; ainsi transformés, il les publia comme un ouvrage d'Holbein, sans qu'on puisse trop savoir si, en faisant cette déclaration, il apprit à ses contemporains ce qu'ils ignoraient, ou s'il se conforma au contraire à une tradition répandue parmi eux.

Après lui, personne ne songea à révoquer en doute l'opinion qu'il avait reçue ou formée. Les dessins qu'il avait copiés se trouvaient, au milieu du xviiie siècle, dans le cabinet de M. Crozat, d'où ils ont passé successivement dans les mains du prince Gallitzin, et dans celles de l'empereur de Russie, qui les possède aujourd'hui. Un graveur qui travaillait à Bâle à la fin du dernier siècle, Chrétien de Méchel, ayant entrepris de reproduire sur cuivre l'œuvre entière d'Holbein, commença sa publication par une imitation nouvelle et de nouveau altérée de ces anciennes images, qu'il regardait comme l'ouvrage le plus important de son auteur. La tradition était dès lors si puissante qu'elle allait même à faire donner le nom d'Holbein à la plupart des Danses des Morts peintes en Allemagne, depuis le cimetière de Bâle jusqu'à l'église de Lubeck. Cependant de nos jours on a opposé à ce témoignage de la renommée, des objections qui méritent un sérieux examen.

L'une des gravures de l'ouvrage attribué à Holbein, celle qui représente *la Duchesse éveillée*, dans son sommeil, par l'archet de la Mort, porte, au bas du lit, un chiffre H, qu'Holbein n'a jamais employé, et qui ne saurait être le sien. Mais ce chiffre appartient-il au dessinateur, ou bien seulement au graveur? On peut juger, par ce que pratiquent encore aujourd'hui les graveurs sur bois, qu'ils ont toujours eu l'habitude de mettre leur marque à leurs ouvrages. Une fois qu'on admet que le monogramme H peut appartenir à l'interprète du crayon d'Holbein, il ne reste plus qu'à chercher quel est le nom auquel il s'applique. Un graveur vivait précisément à Bâle, au commencement du xvie siècle, qui donnait ce signe à ses œuvres. Il s'appelait Hans Lutzenberger, ou Leuczelberger (1), et portait le surnom de Franck. Il est connu par quelques copies d'Albert Durer, et

(1) Voyez le *Dictionnaire des monogrammes*, de Brulliot.

par une sorte d'ouvrages alors fort à la mode, qui consistait en des alphabets formés de danses de paysans et de danses des morts, et destinés à fournir des initiales ornées aux beaux livres de l'époque. Il est probable qu'Holbein abandonna le soin de graver ses dessins à cet artiste, avec lequel il avait sans doute des relations. M. Brulliot a remarqué qu'une gravure représentant la Félicité, et attribuée au peintre de Bâle, avait le genre de tailles qu'on observe dans les œuvres de Hans Leuczelberger.

Le savant M. Leber, qui, en dressant le catalogue de sa bibliothèque, a rendu aux lettres un rare service, a signalé, dans la dédicace de la première édition des *Simulachres de la Mort*, un passage qui, au premier aspect, pourrait faire douter qu'Holbein en ait même donné les dessins (1). « *Très grandement vient à regretter*, » dit l'auteur anonyme de ce morceau curieux,

(1) Voyez la note ajoutée au n° 1362 du *Catalogue Leber*.

« *la mort de celuy qui nous a icy imaginé de si*
» *élégantes figures* (de la Mort), *avançantes au-*
» *tant toutes les patronées jusqu'icy, comme les*
» *paintures de Appelles ou de Zeuçis, surmon-*
» *tant les modernes. Car ses histoires funèbres,*
» *avec leurs descriptions sévèrement rimées, aux*
» *advisants donnent telle admiration, qu'ils en*
» *jugent les morts y apparoistre très vivement,*
» *et les vifs très mortement représenter. Qui me*
» *faist penser, que la* Mort *craignant que cet*
» *excellent painctre ne la paignist tant vifve,*
» *quelle ne fut plus crainte lui accéléra si fort*
» *ses jours, qu'il ne put parachever plusieurs*
» *aultres figures, ja par luy tracées : même celle*
» *du charretier froissé, et espaulti soubs son*
» *ruiné charriot, les roes et chevaulx duquel,*
» *sont là si épouventablement trébuchez, qu'il y*
» *a autant d'horreur à veoir leur précipitation,*
» *que de gaie à contempler la friandise d'une*
» *mort, qui furtivement succe avec un chalu-*
» *meau le vin du tonneau effondré. Auxquelles*

» *imparfaictes histoires, comme à l'inimitable*
» *arc céleste appelé Iris, nul n'a osé imposer*
» *l'extrême main, par les audacieux traits,*
» *perspectives et umbrages en ce chef d'œuvre*
» *comprises, et tant gracieusement deliniées que*
» *l'on y peut prendre une délectable tristesse*
» *et une triste délectation, comme chose triste-*
» *ment joyeuse.* » S'il faut prendre à la lettre ce texte publié en 1538 (1), comme l'auteur des dessins qu'il accompagne était mort à cette époque, et qu'Holbein est mort seulement en 1554, il n'y a pas de doute que cet auteur et Holbein ne soient deux personnes tout-à-fait différentes.

Quelque hésitation que j'éprouve à contredire l'opinion d'un homme aussi judicieux qu'est M. Leber, je ne peux considérer comme sérieux le passage sur lequel il s'appuie. Le ton dont la dé-

(1) Nous avons eu soin de joindre la dédicace tout entière de l'édition de 1538 à notre édition pour rappeler autant qu'il a été en nous le livre original.

dicace entière est conçue fait assez voir que l'auteur se propose d'éblouir le lecteur par l'agrément de ses images et de ses pensées; et je juge qu'il a cru donner une preuve bien frappante du pouvoir de la Mort, en montrant le peintre de ses triomphes tombé déjà lui-même sous ses coups. C'est ainsi que le peintre de la Danse des Morts de Berne, Nicolas Emanuel, s'était représenté frappé par la Mort, et avait mis, au-dessous de ce tableau, deux quatrains allemands dont voici la traduction latine. La Mort disait :

> Cunctorum in muris pictis ex arte figuris,
> Tu quoque decedes : etsi hoc vix tempore credes.

Le peintre répondait :

> En tibi me credo, Deus, hoc dùm sorte recedo.
> Mors rapiat me; te, reliquos sociosque valete.

Holbein avait vu, sans contredit, la Danse des Morts de Berne, qu'il semble en maints endroits avoir imitée; il avait pu être frappé de l'épisode du peintre, et en parler à l'écrivain chargé de lui faire les honneurs de la publicité. Mais je ne veux pas dire que cet écrivain ne fût capable de trouver tout seul aussi bien.

Ce qu'il a imaginé couvre cependant quelque vérité qu'il sera toujours assez difficile de débrouiller. Les dessins inachevés dont il parle, et ce *Charretier froissé et espaulti soubs son ruiné charriot*, qu'il décrit d'une manière si pittoresque, manquent en effet dans la première édition, et parurent dans la quatrième. Comment peut-on expliquer qu'il les ait vus, et que pourtant on n'ait pu les joindre à la publication dont il composait le texte? Il faut supposer peut-être que cet auteur, homme de lettres au service des libraires de l'escu de Cologne, chargé par eux de négocier avec Holbein, a été trouver l'artiste en Angleterre, lui a demandé ses dessins, les a attendus long-temps, a quitté Londres avant de les avoir vu achever, et de retour à Lyon, voulant décrire du moins ce qu'il n'avait pu emporter, a eu recours à cette idée de la mort qui rentrait naturellement dans son sujet (1).

Cette conjecture, qui peut sembler fort hasardée au premier aspect, va se changer peut-être en certitude. Il est, en effet, un homme de lettres, ami d'Holbein, qui était à Londres en 1535, qui séjourna à Lyon depuis 1536 jusqu'en 1538, et qui, dans ses ouvrages, attribue clairement les images de la mort au peintre de Bâle.

Nicolas Bourbon (*Borbonius*), dont on voit le portrait crayonné de la main d'Holbein dans le recueil de John Chamberlaine, était né en 1503, à Vandœuvres près de Langres. Fils d'un riche maître de forges, il se fit de bonne heure un nom dans les lettres en publiant un petit poëme latin sur la métallurgie. Pouvant mener, grâce à sa

(1) Il existe une preuve assez convaincante que l'auteur de la dédicace n'avait pas sous les yeux ces dessins inachevés lorsqu'il les décrivait. On pourra voir par la gravure 46 de notre publication, que ce n'est pas le charretier, mais le cheval qui est *froissé et espaulti soubs le ruiné charriot*.

fortune, une existence indépendante, il passa sa vie à faire de longs voyages et de petits vers pour solliciter les faveurs des grands personnages de toutes les nations ; il flatta Erasme, qui lui écrivit comme à l'héritier de son œuvre et presque de sa gloire ; il adula un jour si bassement le cardinal du Bellay, que ce prélat crut qu'il lui demandait l'aumône ; il était lié avec Rabelais, qu'il chargeait familièrement de saluer le poëte Saint-Gelais (1) ; c'est à lui qu'on a fait dire qu'il préférait les psaumes de Buchanan à l'évêché de Paris. Il jouissait d'une telle estime, que la sœur

(1) On sera peut-être curieux de lire les vers peu connus où se trouvent les noms de Rabelais et de Saint-Gelais :

Jam raro Lateranus et Malnus
Occurrunt mihi Sanzelasiusque,
Nempè urgentibus aulicisque rebus
(Ut sunt tempora) serio occupati :
At tu, mi Rabelœse, quandò abire
Certum est quo mea me vocat voluntas,
Quo fatum potius vocat, trahitque,
Illis nomine dic meo salutem.

de François Ier, la charmante Marguerite, le pria de veiller à l'éducation de Jeanne d'Albret, sa fille et la mère d'Henri IV. Il publia, sous le titre de *Nugæ*, huit livres d'épigrammes, dont Joachim du Bellay, le neveu du cardinal, l'ami de Ronsard, dit :

> Paule, tuum scribis nugarum nomine librum;
> In toto libro nil melius titulo.

On trouve cependant dans ce livre, qui est à proprement parler l'histoire de la vie du poëte, une image fidèle et singulière de l'existence des hommes de lettres au xvie siècle.

N. Bourbon se rendit en Angleterre en 1535, l'année même de l'exécution de Th. Morus; il injuria cette noble victime par quatre vers médiocres qu'on peut juger sur le dernier :

> At nuper misero cervix est icta securi.

Il fit sa cour à Th. Cromwell, à Crammer, misérables instruments des passions et des cruautés d'Henri VIII; il célébra le roi lui-même en face de ses crimes. A Londres, il fréquentait Hans Holbein, et tout en posant devant lui il écrivait ces vers :

> Dùm divina meos vultus mens exprimit Hansi
> Per tabulam doctâ præcipitante manu,
> Ipsum et ego interea sic uno carmine pinxi :
> Hansus me pingens major Apelle fuit.

Il semble qu'avant de partir pour l'Angleterre, N. Bourbon habitait Lyon, et qu'au retour il y séjourna encore assez long-temps. On le voit, dans ses épigrammes, s'adresser tour à tour aux célébrités et aux puissances de cette ville, à Maurice Scève, qui travaillait sévèrement ses vers et qu'il blâme de ne rien faire paraître; au cardinal de Tournon, qui gouvernait la place, et auprès duquel il se défend contre des bruits injurieux répandus par ses ennemis (1). C'est à Lyon qu'il

(1) Le cardinal de Tournon, qui commandait à Lyon, appartenait au parti catholique le plus exalté. C'est entre ses mains que Marot abjura en 1536, en revenant de Ferrare. Il fut un des principaux conseillers des rigueurs exercées par François I#er# contre les protestants, auxquels N. Bourbon se rattachait quoique timidement.

fit imprimer ses poésies latines en 1538. En cette année il mettait aussi des suscriptions aux gravures de la Bible que les libraires de l'escu de Cologne faisaient paraître d'après des dessins d'Holbein (1). Il a donc dû connaître l'édition des *Simulachres de la Mort* que les mêmes libraires publiaient la même année avec les dessins du même artiste ; et c'est certainement à cette édition qu'il a fait allusion lorsqu'il a écrit :

> Dùm Mortis Hansus pictor imaginem exprimit
> Tantâ arte Mortem retulit, ut Mors vivere
> Videatur ipsa : et ipse se immortalibus
> Parem diis fecerit, operis hujus gloriâ.

(1) Cette édition de la *Bible* fournit une excellente preuve pour démontrer qu'Holbein est l'auteur des dessins de la *Danse des Morts*. Les quatre premiers sujets dont *les Simulachres de la Mort* sont ornés, le Paradis terrestre, la désobéissance, l'expulsion, la punition, se retrouvent exactement dans la *Bible* d'Holbein. Les mêmes bois servaient évidemment pour les deux éditions. Le premier tirage fut employé à la *Bible*, comme on peut s'en convaincre à la bibliothèque de l'Arsenal, où les deux ouvrages sont réunis dans un même volume.

En rapprochant de ces vers les paroles de la dédicace que je citais tout à l'heure : « *La Mort craignant que cet excellent painctre ne la paignit tant vifve qu'elle ne fut plus crainte,* » on ne peut s'empêcher de penser que c'est sans doute N. Bourbon lui-même qui a composé le texte français des *Simulachres*, comme il avait écrit celui des gravures de la Bible. Et ainsi on peut arriver à fixer d'une manière précise les plus petites particularités de cette publication importante (1).

(1) M. Douce me paraît avoir accordé une trop grande importance aux vers suivants, que Bourbon n'a sans doute composés que pour flatter quelque vanité provinciale aujourd'hui tout-à-fait oubliée :

Videre qui vult Parrhasium cum Zeuxide,
 Accersat à Britanniâ
Hansum Ulbium, et Georgium Reperdium
 Lugduno ab urbe Galliæ.

M. Douce a construit tout un roman avec ces vers; il s'autorise de la dédicace de 1538 pour affirmer que l'auteur des dessins qu'elle précède était mort en cette année. Il suppose qu'ils ont pu être commencés par Reperdius et achevés par Holbein.

Parmi les preuves accessoires qui viennent a l'appui de l'opinion générale, j'en choisirai deux. Holbein est l'auteur d'une Danse des Morts qu'un ciseleur a gravée, d'après ses dessins, sur un fourreau de poignard, et dont le style rappelle parfaitement celui des images de Lyon. Il a aussi mis la main, sans contredit, à un tableau qui est déposé dans l'un des cabinets les plus intéressants de la capitale, et où l'idée de la mort est reproduite avec une énergie pleine de pensée. Une jeune fille, belle et parée, joue de la guitare, tandis qu'un squelette s'agite derrière elle, et qu'un magicien, couvert de son chaperon, lui présente un miroir où elle peut voir son image mêlée à celle de la Mort. Au-dessus de cette composition, traitée avec une grande fermeté de pinceau et de couleur, on lit le distique suivant :

Formosam speculo te cernens, respice formam
A Tergo positam quæ notat esse nihil.

Il me semble donc hors de doute qu'Holbein est

l'auteur des dessins dont les libraires de l'escu de Cologne ont publié les gravures en 1538. Je remarquerai seulement que c'est à tort qu'on donne à ces compositions le nom de *Danse des Morts*. W. Hollar et Ch. de Méchel n'étaient pas moins éloignés de la vérité lorsqu'ils leur prêtaient le titre pompeux de *Triomphe de la Mort*. De ces deux termes, le premier représente une œuvre du Moyen-Age, le second une œuvre des temps classiques. Holbein fit un ouvrage où le génie de ces deux époques se mêla, et que le titre bigarré adopté par les libraires de Lyon rend avec plus de justesse.

Les Anglais ont été au-delà de nos conjectures; ils ont prétendu que ces images de la Mort, gravées à Bâle par Hans Leuczelberger, et publiées à Lyon par Borbonius, avaient été peintes par Holbein, au palais de Whitehall, par ordre d'Henri VIII. A l'appui de cette intéressante découverte ils ont cité des preuves qui ne sont pas dénuées de vraisemblance; mais l'incendie qui a dévoré le vieux palais de Whitehall en 1697, a rendu impossible la seule démonstration à laquelle on ne pourrait refuser son assentiment.

Les Allemands de leur côté ont voulu revendiquer pour eux, autant que possible, la propriété de la Danse des Morts d'Holbein; et non contents d'être certains qu'elle avait été exécutée par un peintre de leur nation, ils ont cherché à montrer qu'elle avait été publiée pour la première fois, chez eux, à Bâle, en 1530, et par conséquent plusieurs années avant qu'elle eût paru à Lyon. Mais toutes leurs assertions tombent devant des preuves positives. Georgius Æmylius, qui, comme nous l'avons dit, traduisit en latin, pour les Allemands, le texte français des *Simulachres de la Mort*, a eu soin lui-même d'indiquer en quelle langue était conçu l'original sur lequel il travaillait :

Accipe jucundo præsentia carmina vultu,
  Seu Germane legis, sive ea Galle legis :
In quibus extremæ qualis sit Mortis imago
  Reddidit imparibus musa latina modis.

Gallia quæ dederat lepidis epigrammata verbis,
 Teutona convertens est imitata manus.
Da veniam nobis, doctissime Galle, videbis
 Versibus appositis reddita siqua parum.
. . . .
Qualiacunque mei sunt hæc monumenta laboris,
 Gallia, germano pectore mitto tibi.

Il nous suffit, quant à nous, d'avoir fait entrevoir par ces considérations et par ces recherches quelle influence la France a exercée pendant le Moyen-Age sur l'art de l'Europe, et par quel généreux appel au génie de tous les peuples elle essayait encore, au moment décisif de la Renaissance, de se rendre digne du rôle qui lui avait été confié. C'est elle qui, au xve siècle, fournit, dans la Danse Macabre, le modèle de toutes les Danses des Morts ; c'est encore elle qui, au xvie siècle, voulant donner à l'idée conçue dans son sein les perfectionnements exigés par le goût italien, demanda des dessins à un peintre allemand ; c'est aussi pour lui rendre hommage qu'en publiant aujourd'hui une reproduction de ces images, nous avons répété et les quatrains qu'un contemporain de Cl. Marot avait joints à la première édition française, et les distiques latins qui en offrirent la traduction dans les éditions destinées à l'Allemagne. M. J. Schlotthauer, à qui nous devons les gravures que nous offrons au public, nous a donné l'exemple de la plus scrupuleuse exactitude. Cet artiste distingué, professeur à l'Académie des Beaux-Arts de Munich, a passé sa vie à étudier les anciens monuments de son art; et, au dire des connaisseurs les plus difficiles (1), il a restitué celui-ci au point qu'il est presque impossible de distinguer sa copie de l'original. Nous nous associons complétement

(1) S'il me fallait parler plus longuement de M. Schlotthauer, je ne pourrais que répéter les pages que je lui ai consacrées dans mon livre sur l'*Art en Allemagne* auquel je renvoie. Voici l'éloge que M. Douce fait de ses gravures : *This work is executed in so beautiful and accurate a manner, that it might easily be mistaken for the wood original.*

à la pensée pieuse qui a guidé son crayon ; comme lui, nous préférons la naïveté des premières images d'Holbein au luxe des imitations mensongères que W. Hollar et Ch. de Mechel en ont données. Le même sentiment nous défend de rien dire des imitations postérieures qui ont été faites de la Danse des Morts. Nous ne nous sommes jamais plu à considérer les œuvres où est empreint le cachet de la décadence ; ce qui nous semble digne de notre siècle, c'est d'observer, dans l'histoire de l'art humain, le moment où la pensée descend du monde idéal, s'empare d'une forme, et s'y exprime avec simplicité et avec force. Lorsqu'on arrive à l'instant où la pensée a parcouru ses phases principales, la forme qu'elle abandonne a beau se métamorphoser encore, s'enrichir et se féconder cent fois elle-même, nous ne voyons plus dans ses développements qu'un jeu inutile de l'esprit détourné de son véritable but : c'est pourquoi nous aurions regret de perdre le temps à insister davantage sur l'époque où la Danse des

Morts ne fut plus qu'un amusement pour les hommes dont elle avait autrefois si vivement remué les sentiments et les idées.

SUIVENT

LE TITRE ET L'ÉPISTRE

DES

SIMULACHRES DE LA MORT,

d'après

LA PREMIÈRE ÉDITION

Donnée à Lyon

EN

1538.

Copié sur l'exemplaire de M. Cailhava de Lyon.

Les fimulachres &

HISTORIEES FACES

DE LA MORT, AVTANT ELE

gamēt pourtraictes, que artifi
ciellement imaginees.

Ici est placé
l'emblème de l'imprimeur,
portant
un hermès à trois têtes
sur un socle
où sont écrits ces mots :

ΓΝΩ   Α
ΘΙ   Υ
ΣΕ   ΤΟΝ,

Et d'où partent
deux chaînes qui lient
les deux mondes,
avec cette légende :

Usus me genuit.

A LYON,

Soubz l'escu de **COLOIGNE**

M. D. XXXVIII.

A MOULT REVERENDE

abbesse du religieux convent St-Pierre
de Lyon, madame Jéhanne de
Touszelle, salut d'un
vray zéle.

J'ay bon espoir, Madame et mére très religieuse, que de ces espoventables simulachres de mort aurez moins d'ébaïssement que vivante. Et que ne prendrez a maulvais augure, si a vous, plus que a nulle austre sont dirigez. Car de tout temps par mortification, et austère vie, en tant de divers cloistres transmuée par authorité royalle, estant là l'exemplaire de religieuse religion et réformée réformation, avez eu avec la mort telle habitude, qu'en sa mesme fosse et sepulchrale dormition ne vous scauroit plus estroitement enclorre, qu'en la sepulture du cloistre, en la quelle n'avez seulement en-

sepvely le corps : mais cueur et esprit quand et
quand, voire une si liberale et entiere devotion
qu'ils n'en veulent jamais sortir, fors comme
saint Pol, pour aller a Jesus-Christ. Lequel bon
Jesus, non sans divine providence, vous a baptisée du nom et surnom au mien unisonantement consonnant, excepté en la seule lettre
de T, lettre, par fatal secret, capitale de votre
surnom : pour autant que c'est ce caractère de
thau, tant célèbre vers les Hebreux et vers les
Latins, pris a triste mort. Aussi par sainct Hiérome appelé lettre de croix et de salut : merveilleusement convenant aux salutaires croix supportées de tous voz zéles en saincte religion.
Lesquels zéles la Mort n'a osé approcher, quelques visitations que Dieu vous ayt faictes par
quasi continuelles maladies, pour non contrevenir a ce fourrier Ezéchiel, qui vous auroit
marquée de son thau, signe deffensable de toute
maulvaise mort, qui me faict croire que vous
serez de ceulx, desquels est escript, quilz ne
gousteront la mortifère amertume. Et que tant
s'en faudra que ne rejétiez ces funèbres histoires
de mondaine mortalité, comme maulsades et
mélancoliques, que mesme admonestée de
sainct Jaques, considererés le visaige de votre

nativité en ces mortels miroirs, desquels les mortels sont dénnomez comme touts subjects a la mort, et a tant de miserables misères, en sorte que déplaisant à vous mêmes, etudiérez de complaire à Dieu, jouxte la figure raconptée en exode, disant, qu'à l'entrée du tabernacle avoit une ordonnance de miroirs, afin que les entrants se pussent en iceulx contempler : Et aujourd'huy sont telz spirituelz miroirs mis à l'entrée des eglises et cymitieres, jadis par Diogénes révisitéz pour veoir si entre les ossements des mortz pourroit trouver aucune différence des riches et des pouvres. Et si aussi les payens pour se refréner de mal faire, aux entrées de leurs maisons, ordonnoient fosses et tombeaux en mémoire de la mortalité a tous préparée, doivent les chrestiens avoir horreur d'y penser? Les images de mort seront elles à leurs yeulx tant effrayeuses, quilz ne les veulent veoir n'en ouyr parlementer? C'est le vray et propre miroir auquel on doibt corriger les difformitéz du péché et embéllir l'ame. Car, comme sainct Grégoire dit, qui considére comment il sera a la mort, deviendra craintif en toutes ses opérations, et quasy ne se osera moustrer à ses propres yeulx : Et se considére pour la mort, qui ne se ignore devoir mourir. Pour ce que la parfaicte vie est l'imitation de la mort, laquelle soliciteusement parachevée des justes, les conduict à salut. Par ainsi a tous fideles seront ces spectacles de mort en lieu de serpent d'airain, lequel advisé guérissoit les Israélites des morsures serpentines moins venimeuses que les eguillons des concupiscences, desquelles sommes continuellement assailliz. Ici dira ung curieux questionnaire : quelle figure de mort peult estre par vivant représentée? Ou, comment en peuvent déviser ceulx, qui oncques les inéxorables forces n'expérimentérent? Il est bien vray que l'invisible ne se peult par chose visible proprement représenter : mais tout aussi que par les choses créez et visibles, comme est dit en l'*Epistre aux Romains*, on peult voir et contempler l'invisible Dieu et incréé. Paréillement par les choses, lesquelles la mort a faict irrevocables passages, c'est a sçavoir par les corps es sépulchres cadaveriséz et décharnés sus leurs monumentz, on peult extraire quelques simulachres de mort (simulachres les dis je vrayement, pour ce que le simulachre vient de simuler et faindre ce qui n'est point). Et pourtant qu'on n'a peu trouver chose plus approchante à la similitude de mort, que la personne morte, on a d'icelle effigie, simulachres, et faces de mort, pour en nos pensées imprimer la memoire de mort plus au vif, que ne pourroient toutes les réthoriques descriptions des orateurs. A cette cause l'ancienne philosophie etoit en simulachres, et images effigiées. Et qui bien la considérera, toutes les histoires de la Bible ne sont que figures a notre plus ténace instruction. Jesus Christ même ne figuroit il sa doctrine en paraboles, et similitudes, pour mieulx l'imprimer a ceulx auxquels il la preschoit? Et noz sainctz peres, n'ont ilz par devotes histoires figuré la plus part de la Bible, encores apparoissantes en plusieurs eglises, comme encor on les voit au cheur de ceste tant venerable eglise de Lyon? Vrayment en cela, et en autres antiques cérémonies admirablement constante observatrice, autour duquel les images là elégantement en relief ordonnées, servent aux illitéréz de très utile et contemplative littérature. Que voulut Dieu, quoi qu'en débarrer ces furieux iconomachiens, qui de telles ou semblables images fussent tapissées toutes noz eglises, mais que nos yeulx ne se délectassent a autres plus pernicieux spectacles. Donc retournant a noz figures faces de mort, trés grandement vient a regréter la mort de celuy, qui nous en a icy imaginé de si elégantes figures, avançantes autant toutes les patronées jusqu'icy, comme les paintures de Appelles ou de Zeusis, surmontent les modernes. Car ses histoires funebres, avec leurs descriptions sévérement rimées, aux advisants donnent telle admiration, qu'ilz en jugent les mortz y apparoistre trés vivement, et les vifs trés mortement représenter. Qui me faict penser, que la mort craignant que cet excellent painctre ne la paignist tant vifve, qu'elle ne fut plus crainte pour mort, et que pour cela luy même n'en devint immortel, que a cette cause elle lui accélera si fort ses jours, qu'il ne peult parachever plusieurs austres figures, ja par luy tracées : mesme celle du charretier froissé, et espaulti soubs son ruiné charriot, les roes, et chevaulx duquel, sont là si epouvantablement trezbuchéz, qu'il y a autant d'horreur a veoir leur précipitation, que de gaie a contempler la friandise d'une mort, qui furtivement succe avec un chalumeau le vin du tonneau effondré. Auxquelles imparfaictes histoires comme a l'inimitable arc celeste appelé iris, nul n'a osé imposer l'extreme main, par les audacieux traitz, perspectives, et umbrages en ce chef d'œuvre comprises, si tant gracieusement déliniées que l'on y peut prendre une délectable tristesse et une triste délectation, comme chose tristement joyeuse. Cessent hardyment les antiquailleurs et amateurs des anciennes images de chercher plus antique antiquité que la pourtraicture de ces mortz. Car en elle voiront l'imperatrice tous vivants invictissime des le commencement du monde regnant. C'est celle qui a triomphé de touts les Césars, empereurs et rois. C'est vrayment l'herculée fortitude qui, non avec sa massue, mais d'une faulx, a fauché et extirpé tous les monstrueux et tyranniques couraiges de la terre. Les regardées Gorgonnes, ni la teste de Meduse ne féirent oncques si etranges metamorphoses ne si diverses transformations, que peust faire l'intentive contemplation de ces faces de mortalité. Or si Sévére empereur romain tenoit en son cabinet, tesmoing Lampridius, les images de Virgile, de Cicero, d'Achilles, et du grand Alexandre, pour a icelles se inciter a vertu, je ne voy point pour quoy nous devons abhominer celles, par lesquelles on est refréné de pecher, et stimulé a toutes bonnes opérations. Dont le petit, mais nul pensement, qu'on met aujourd'huy a la mort, me faict desirer ung autre Hégésias, non pour nous inciter, comme il faisoit en preschant les biens de la mort, a mettre en nous noz violentes mains, mais pour mieulx désirer de parvenir a cette immortalité, pour laquelle ce déséspéré Chobronte, se précipita en la mer : depuis que sommes plus asseuréz de celle beatitude à nous, et non aux payens et incrédules, promise. A laquelle, puisque n'y pouvons parvenir, que passant par la mort, ne devons nous embrasser, aymer, contempler la figure et représentation de celle, par laquelle on va de peine a repoz, de mort a vie eternelle, et de ce monde fallacieux a Dieu véritable et infaillible qui nous a forméz a sa semblance, afin que si ne nous difformons, le puissions contempler face a face quand lui plaira nous faire passer par cette mort, qui est aux justes la plus précieuse chose qu'il eut sçeu donner. Par quoy, Madame, prendrez en bonne part ce triste mais salutaire présent. Et persuaderez a vos devotes réligieuses la tenir non seulement en leurs petites cellules, ou dortouers, mais au cabinet de leur memoire, ainsi que le conseille sainct Hierome en une epistre, disant : Constitue devant les yeulx cette image de mort, au jour de laquelle le juste ne craindra mal, et pour cela ne le craindre il car il n'entendra, va au feu eternel : mais viens bénist de mon pere, recoys le royaulme a toy préparé des la création du monde. Par quoy qui fort sera, contémne la mort, et l'imbécille la fuye : mais nul peult fuyr la mort, fors celuy, qui fut la vie. Nostre vie est Jesus Christ, et est la vie qui ne sçait mourir. Car il a triumphé de la mort, pour nous en faire triumpher éternellement. Amen.

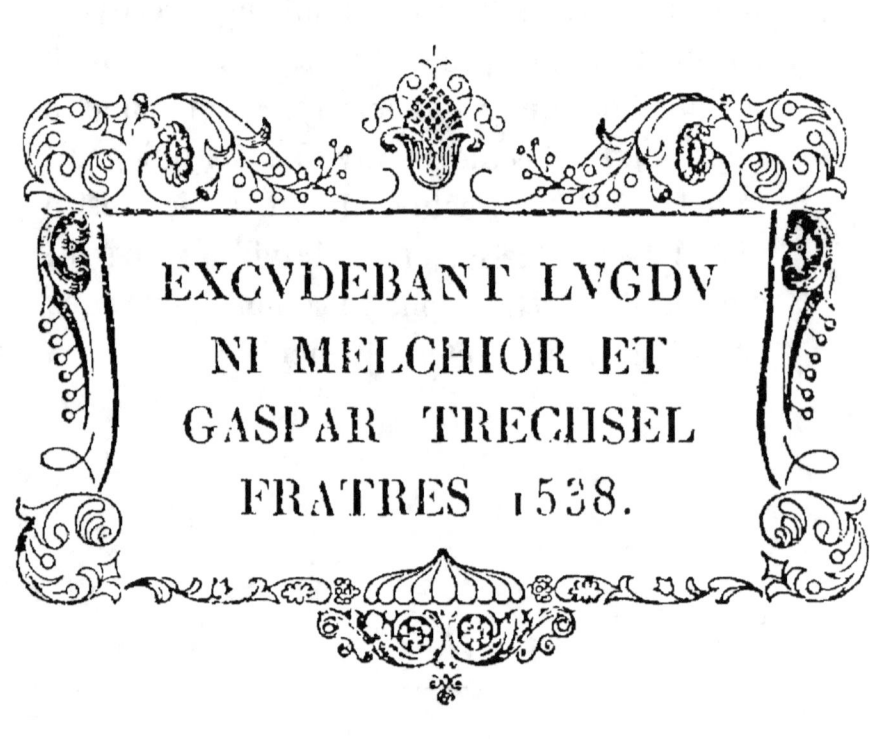

EXCVDEBANT LVGDV
NI MELCHIOR ET
GASPAR TRECHSEL
FRATRES 1538.

SUIVENT

LE TITRE, L'INDEX ET L'ÉPIGRAMME

DES

ICONES MORTIS,

d'après

LA SIXIÈME ÉDITION

datée de Bâle

EN

1554.

Copié sur l'exemplaire de M. Caillata de Lyon.

ICONES
MORTIS,

Dvodecim Imaginibus præter priores, totidemque inscriptionibus, præter epigrammata è Gallicis à Georgio AEmylio in Latinum versa, cumulatæ.

Qvae his addita sunt, sequens pagina commonstrabit.

BASILEAE,

1554.

Index eorum, quæ his MORTIS Imaginibus accefferunt.

MEDICINA ANIMAE, tam ijs, qui firma, quàm qui aduerfa corporis ualetudine præditi funt, maximè neceffaria.

PARACLESIS ad periculofè decumbentes.

D. CAECILII CYPRIANI epifcopi Carthaginenfis, Sermo de MORTALITATE.

ORATIO ad DEVM, apud ægrotum, dum inuifitur, dicenda.

ORATIO ad CHRISTVM in graui morbo dicenda.

D. CHRYSOSTOMI Patriarchæ Conftantinopolitani, de Patientia, et confummatione huius feculi, de fecundo Aduentu Domini, déq; æternis Iuftorum gaudijs, et Malorum pœnis, de filentio, et alijs homini Chriftiano ualde neceffarijs, Sermo.

AD LECTOREM CHRISTIANVM,

EPIGRAMMA.

Accipe *iucundo præsentia carmina uultu,*
  Seu Germane legis, siue ea Galle legis:
In quibus extremæ qualis sit MORTIS *imago,*
  Reddidit imparibus Musa Latina modis.
Gallia quæ dederat lepidis Epigrammata uerbis,
  Teutona conuertens est imitata manus.
Da ueniam nobis doctissime Galle, uidebis
  Versibus appositis reddita si qua parum.
Non omnes pariter, nec in omni parte ualemus:
  Præcipuam partem semper et error habet.
Sunt tamen appositis quædam sic reddita uerbis,
  Omnibus ut sperem posse placere bonis.
Qualiacunque mei sunt hæc monumenta laboris,
  Gallia, germano pectore mitto tibi.
Denique cùm præstent, me iudice, sacra profanis,
  Materiam uoluit sumere Musa piam.
Discimus hinc summam diuini numinis iram,
  Quæ uarijs plectit crimina nostra modis.
Discimus et MORTEM *peccati reddere pœnā,*
  Omnia quæ tristi corpora falce trahit.
Cumq; triūphālis uictoria maxima CHRISTI
  MORTIS *et Inferni fregerit arma simul,*

*Non opus imbellem nimium metuamus ut hostem,
Qui nos ex uarijs ducit in astra malis.*

LES

SIMULACHRES DE LA MORT.

1.

Formavit Dominus Deus hominem de limo terræ, ad imaginem suam creavit illum, masculum et fœminam creavit eos.

Genesis 1 et 2.

Dieu, ciel, mer, terre, procréa
De rien, demonstrant sa puissance,
Et puis de la terre créa
L'homme et la femme à sa semblance.

Principio cœlum, terram, pontumque sonantem,
  Ex nihilo fecit voce potente Deus,
Indè levi terrâ divinæ mentis imago
  Gignitur, humanum fœmina virque genus.

2.

Quia audisti vocem uxoris tuæ, et comedisti de ligno
ex quo præceperam tibi ne commederes, etc.
Genesis, 3.

Adam fut par Ève deceu,
Et contre Dieu mangea la pomme,
Dont tous deux ont la mort receu,
Et depuis fut mortel tout homme.

Fallitur infelix à stultâ conjuge conjux,
  Invito comedens tristia poma Deo.
Commeruere gravem scelerato crimine Mortem,
  Legibus hinc fati subdita turba sumus.

3.

Emisit eum dominus Deus de paradiso voluptatis, ut operaretur terram de quâ sumptus est.
Genesis, 3.

Dieu chassa l'homme de plaisir
Pour vivre au labeur de ses mains.
Alors la mort le vint saisir,
Et consequemment tous humains.

Expulit Omnipotens hominem de sede beatá,
Nutriat ut proprio membra labore, Deus.
Pallida tum primum vacuum mors venit in orbem;
Humanum rapiunt hinc mala fata genus.

4.

Maledicta terra in opere tuo, in laboribus comedes cunctis diebus vitæ tuæ, donec revertaris, etc.
Genesis, 3.

Mauldicte en ton labeur la terre.
En labeur ta vie useras,
Jusques que la MORT te soubterre,
Toy, poudre, en poudre tourneras.

Sit maledicta tuo sterilis pro crimine tellus.
  Vita tibi multi plena laboris erit :
Donec in exiguâ te mors tellure reponet,
  Quod fueras primùm, tunc quoque pulvis eris.

5.

Væ, væ, væ, habitantibus in terra.
Apocalypsis, 8.

Cuncta in quibus speraculum vitæ est, mortua sunt
Genesis, 7.

Malheureux qui vivez au monde,
Toujours remplis d'adversitéz,
Pour quelque bien qui vous abonde,
Serez tous de mort visitéz.

Væ nimium vobis misero qui vivitis orbe,
Tempora vos multo plena dolore manent.
Quantumcumque boni vobis fortuna ministret,
Pallida Mors veniens omnibus hospes erit.

6.

Moriatur sacerdos magnus.
>> *Josuæ*, 20.

Et episcopatum ejus accipiat alter.
>> *Psalmistæ*, 108.

Qui te cuides immortel estre
Par MORT seras tost dépésché,
Et combien que tu soys grand prestre,
Ung aultre aura ton evesché.

Qui non mortalis vitæ tibi munera ungis,
  Rebus ab humanis eripiere brevi.
Maximus es quamvis Romana in sede sacerdos,
  Quod geris officium, qui gerat alter erit.

— On a voulu voir dans cette image le portrait du pape Léon X.

7.

Dispone domui tuæ, mor eris enim tu, et non vives.
Isaiæ, 38.

Ibi morieris, et ibi erit currus gloriæ tuæ.
Isaiæ, 22.

De ta maison disposeras
Comme de ton bien transitoire,
Car là ou MORT reposeras,
Seront les charriotz de ta gloire.

Sic tibi disponas commissi munera regni
Ut transire alio posse repente putes.
Cur? quia cùm vitam susceptâ morte repones,
Tunc tuâ divulsus gloriâ currus erit.

— Il semble que dans cette image l'artiste ait voulu représenter l'empereur Maximilien qui mit sa gloire à rendre la justice aux petits contre les grands.

8.

Sicut et rex hodie est, et cras morietur, nemo enim ex regibus aliud habuit.

Ecclesiastici, 10.

Ainsi qu'aujourdhuy il est roy,
Demain sera en tombe close,
Car roy aulcun de son arroy
N'a sceu emporter austre chose.

Splendida fert hodiè regni qui sceptra superbus,
  Crastina lux illi tristia fata feret.
Quisquis enim regni summas moderatur habenas
  Numera discedens non meliora feret.

— On retrouve dans cette image quelques traits de la physionomie de François Ier.

9.

Væ qui justificatis impium pro muneribus, et justitiam justi aufertis ab eo.

Isaiæ, 5.

Mal pour vous qui justifiez
L'inhumain et plain de malice,
Et par dons le sanctifiez,
Otant au juste sa justice.

Væ nimium vobis qui justificatis iniquum,
  Erigitisque malos, deprimitisque bonos.
Donaque sectantes fallacis inania mundi,
  Justitiæ verum tollere vultis iter.

10.

Gradientes in superbia potest deus humiliare.
Danie, 4.

Qui marchez en pompe superbe,
La MORT un jour vous pliera.
Comme soubz voz piedz ployez l'herbe,
Ainsi vous humiliera.

Vos quoque quos vitæ delectat pompa superbæ,
  Implicitos fatis auferet una dies.
Herba virens pedibus ceu conculcatur euntis,
  Ultima sic tristi vos pede fata terent.

11.

Mulieres opulentæ surgite et audite vocem meam. Post dies et annum, et vos conturbamini.

Isaiæ, 32.

    Levez vous, dames opulentes,
    Oyez la voix des trespassez.
    Apres maintz ans et jours passez,
    Serez troublées et doulentes.

Huc etiam dominæ matronaque dives adeste,
    Sic etenim vobis mortua turba refert :
Post hilares annos, et inanis gaudia mundi,
    Turbabit Mortis corpora vostra dolor.

12.

Percutiam pastorem, et dispergentur oves.
26 *mar.* 14.

Le pasteur aussi frapperay
Mitres et crosses renversées.
Et lors quand je l'attraperay,
Seront ses brebis dispersées.

Mors, ego percutiam pastorem, dicit, inermem,
Illius in terram mitra pedumque cadent.
Tùm pastore suo per vulnera mortis adempto,
Incustoditæ disjicientur oves.

13.

Princeps induetur mœrore. Et quiescere faciam superbiam potestatum.

Ezechiæ, 7.

Vien, prince, avec moy, et délaisse
Honneurs mondains tost finissantz.
Seule suis qui, certes, abaisse
L'orgueil et pompe des puissantz.

Princeps magne, veni, perituraque gaudia linquas,
  Quidquid et incerti mundus honoris habet.
Sola queo regum sublimes vincere fastus,
  Imperio cedit splendida pompa meo.

14.

Ipse morietur, quia non habuit disciplinam, et in multitudine stultitiæ suæ decipietur.

Proverb., 5.

Il mourra, car il n'a reçeu
En soy aucune discipline,
Et au nombre sera déceu
De folie qui le domine.

Jam moriere miser, quia disciplina piorum
Nunquam vera tibi, sed simulata fuit.
Stultitiæque tuæ magno deceptus acervo
Es stolida falsum mente secutus iter.

15.

Laudavi magis mortuos quàm viventes.
Eccle., 4

J'ay toujours les mortz plus loué
Que les vifz, esquelz mal abonde,
Toutes foyz la mort m'a noué
Au ranc de ceulx qui sont au monde.

Plus ego laudavi Mortem, quam vivere, semper
   Vita quod hæc variis est onerata malis.
Nunc ingrata tamen me mors detrusit ad illos,
   Fatorum rigida qui cecidere manu.

16.

Quis est homo qui vivet, et non videbit mortem, eruet animam suam de manu inferi.
Psalm., 88.

Qui est celuy, tant soit grand homme,
Qui puisse vivre sans mourir?
Et de la MORT, qui tout assomme,
Puisse son ame recourir?

Quis tam grandis homo, tam forti pectore vivit,
  Cui maneat semper nescia vita necis?
Quis vitare potest, quod deficit omnia, lethum,
  Eripiens animam mortis ab ense suam?

17.

Ecce appropinquat hora.

Math., 26.

Tu vas au cheur dire tes heures,
Priant Dieu pour toy, et ton proche.
Mais il faut ores que tu meures.
Voy tu pas l'heure qui approche ?

Tu petis ecce chorum pompa comitanti frequenti,
  Mox age, dic horas voce precante tuas.
Nam te fata vocant, illâ morieris in horâ,
  Quæ tibi fert tristem non revocanda diem.

18.

Disperdam judicem de medio ejus.

Amos., 2.

Du mylieu d'eulx vous osteray,
Juges corrompus par présentz.
Point ne serez de MORT exemptz.
Car ailleurs vous transporteray.

Vos ego, qui donis corrupti falsa probatis,
  E medio populi judicioque traham.
Non eritis justa fatorum lege soluti,
  Quam modo, qui vivit, nemo cavere potest.

19.

Callidus vidit malum, et abscondit se innocens, pertransivit, et afflictus est damno.

Prov, 22.

L'homme cault a veu la malice
Pour l'innocent faire obliger,
Et puis par voye de justice
Est venu le pauvre affliger.

Vidit homo cautus delicta, malumque probavit :
 Pauperis et justi causa repulsa fuit.
Justitiæ titulo venatur egenus et insons,
 Legibus et majus munera pondus habent.

20.

Qui obturat aurem suam ad clamorem pauperis, et ipse clamavit et non exaudietur.

Prov., 31.

Les riches conseillez toujours
Et aux pauvres clouéz l'oreille.
Vous criérez aux derniers jours,
Mais Dieu vous fera la pareille.

Consulitis dites omni locupletibus horâ,
Pauperis et clauso spernitis ore preces;
Sed vos extremâ quando clamabitis horâ,
Sic etiam clausâ negliget aure Deus.

21.

Væ qui dicitis malum bonum, et bonum malum, ponentes tenebras lucem, et lucem tenebras, ponentes amarum dulce, et dulce in amarum.

Isaiæ, 25.

Mal pour vous qui ainsi osez
Le mal pour le bien nous blasmer,
Et le bien pour mal exposez,
Mettant avec le doulx l'amer.

Væ qui taxatis pro falso crimine rectum,
  Quodque malum veri est, dicitis esse bonum,
Ex tenebris lucem facitis, de luce tenebras,
  Mellaque cùm tristi dulcia felle datis.

22.

Sum quidem mortalis homo.
Sap., 7.

Je porte le sainct sacrement
Cuidant le mourant secourir,
Qui mortel suis pareillement,
Et comme luy me fault mourir.

Ecce sacramentum cœlestia munera porto,
　Undè ferat certam jam moriturus opem.
Sum quoque mortalis, simili quia sorte creatus,
　Tempora cùm venient, cogar, ut ille, mori.

23.

Sedentes in tenebris, et in umbra mortis, vinctos in mendicitate.
Psalm., 106.

Toy qui n'as soucy, ni remord,
Si non de ta mendicité,
Tu sierras a l'umbre de MORT
Pour t'ouster de nécessité.

Hæc via fallendi mortales pulchra videtur,
   Quâ tegitur ficta relligione malum.
Namque foris simulant magnum pietatis amore,
   Omne voluptatum sed genus intus habent.
At cùm finis adest, veniunt tristissima dona,
   Accumulat cunctos Mors inimica malos.

24.

Est via quæ videtur homini justa : novissima autem ejus deducunt hominem ad mortem.
Prov., 4.

Telle voye aux humains est bonne,
Et a l'homme trés juste semble.
Mais la fin d'elle a l'homme sonne,
La MORT, qui tous pécheurs assemble.

Quid sacram terres mors invidiosa puellam ?
  Gloria de victâ virgine parva venit.
I procul, et senio confectis retia ponas :
  Hanc sine deliciis incubuisse suis.
Conveniunt hilari lususque jocique juventæ,
  Sumptaque furtivo gaudia læta roro.

25.

Melior est mors quam vita.
Eccle., 30.

En peine ay vescu longuement :
Tant que n'ay plus de vivre envie,
Mais bien je croy certainement,
Meilleure la MORT que la vie.

Vita diù mihi pœna fuit, me nulla voluntas
Incitat, ut cupiam longiùs esse super.
Mors melior vitâ, certâ mihi mente videtur,
Quæ redimit cunctis pectora fessa malis.

26.

Medice cura te ipsum.
Lucæ., 4.

Tu congnoys bien la maladie
Pour le patient secourir,
Et si ne sçais, teste estourdie,
Le mal dont tu devras mourir.

Tu benè cognoscis morbos, artemque medendi,
  Qua simul ægrotis subveniatur, habes.
Sed caput ó stupidum, cùm fata aliena retardes,
  Ignoras morbi, quo moriere, genus.

27.

Indica mihi si nosti omnia. Sciebas quod nasciturus esses, et numerum dierum tuorum noveras?
Job, 28.

Tu dis par amphibologie
Ce qu'aux aultres doibt advenir:
Dy moy donc par astrologie
Quand tu debvras a moy venir.

Aspiciens curvum fictâ sub imagine cœlum
   Eventura aliis dicere fata soles.
Dic mihi, si bonus es venturæ sortis aruspex,
   Ad m' quandò tibi fata venire dabunt?
Inspice præsentem quam fert mea dextera sphæram
   Te melius fati præmonet illa tui.

28.

Stulte hac nocte repetunt animam tuam, et quæ parasti cujus erunt?

Luc., 12.

Ceste nuit la MORT te prendra,
Et demain seras enchassé.
Mais dy moy, fol, a qui viendra
Le bien que tu as amassé?

Hâc te nocte manu rapiet mors tristis, avare,
Inque brevi tumbâ cràs tumulatus eris.
Ergò cùm procul hinc vitâ privatus abibis,
Quo bona perveniant accumulata tibi.

29.

Qui congregat thesauros mendacii vanus et excors est, et impingetur ad laqueos mortis.

Prov. 21.

Vain est cil qui amassera
Grands biens, et trésors pour mentir,
La MORT l'en fera repentir,
Car en ses lacs surpris sera.

Thesauros cumulat qui per mendacia magnos,
  Et bona corradit plurima, stulta facit.
Mors etenim quandò trahet in sua retia captum,
  Hunc faciet facti pœnituisse sui.

30.

Qui volunt divites fieri incidunt in laqueum diaboli ; et desideria multa, et nociva, quæ mergunt homines in interritum.

1. Ad Tim , 6.

Pour acquerir des biens mondains
Vous entrez en tentation,
Qui vous met es perilz soubdains,
Et vous maine a perdition.

Ut bona mortales vobis mundana paretis,
Objicitis variis pectora vestra malis :
Sic fortuna potens in multa pericula laps s
Ad summum ducit perditionis iter.

31.

Subito morientur, et in media nocte turbabuntur populi, et auferrent violentum absque manu.
Job, 34.

    Peuples soubdain s'esléveront
    A l'encombre de l'inhumain,
    Et le violent osteront
    D'avec euls sans force de main.

Insurgent populi contrà fera bella gerentem,
  Qui nihil humanæ commoda pacis amat,
Magnanimo freti violentum robore tollent,
  Ipse cadet nullâ percutiente manu.
Nam genus humanum validis qui læserit armis,
  Auferet hunc fato Mors violenta gravi.

32.

Quoniam cum interierit non sumet secum omnia, neque cum eo descedet gloria ejus.
Psalm., 48.

Avec soy rien n'emportera,
Mais qu'une foys la MORT le tombe,
Rien de sa gloire n'ostera,
Pour mettre avec soy dans sa tombe.

Nobilis haud ullos secum portabit honores,
  Dejiciet summo Mors ubi dura loco.
Non celebres titulos, claræque insignia gentis
  Aufert; in tumba nil nisi pulvis erit.

33.

Spiritus meus attenuabitur, dies mei breviabuntur, et solum mihi superest sepulchrum.

Job, 17.

Mes esperitz sont attendriz,
Et ma vie s'en va tout beau.
Las mes longz jours sont amoindriz,
Plus ne me reste qu'un tombeau.

Attenuata meis fugerunt robora membris,
  Vitaque currentis fluminis instar abit.
Quàm citò præteriit nunquam revocabile tempus,
  Et reliquum tumbam nil mihi præter erit.
Tristia jam longæ pertæsus munera vitæ,
  Me precor ut jubeant numina summa mori.

34.

Ducunt in bonis dies suos, et in puncto ad inferna descendunt.
Job, 21.

En biens mondains leurs jours despendent,
En voluptéz, et en liesse,
Puis soubdain aux enfers descendent
Où leur joye passe en tristesse.

Consumunt vitam per gaudia multa puellæ,
  Omne voluptatum percipiuntque genus
Tristitiâ curisque vacant, animoque soluto
  Otia deliciis condita semper amant :
Sed misero tandem fato mittuntur ad orcum,
  Vertit ubi summus gaudia tanta dolor.

35.

Me et te sola mors separabit.
Ruut, 14.

Amour qui unyz nous faict vivre,
En foy nos cueurs préparera,
Qui long temps ne nous pourra suyvre,
Car la MORT nous separera.

Hic est verus amor, qui nos conjungit in unum,
Et ligat æterna mutua corda fide.
Sed nimis heu parvo durabit tempore, namque
Mors citò conjunctos dividet una duos.

36.

De lectulo super quem ascendisti non descendes, sed morte morieris.

4 Reg. 1.

Du lict sus lequel as monté
Ne descendras a ton plaisir.
Car MORT t'aura tantost dompté,
Et en brief te viendra saisir.

Quem premis, ó virgo, juvenili corpore lectum,
  Non hinc dura tibi surgere fata dabunt.
Nam priùs exanimem te Mors violenta domabit,
  Pallidaque in tumulum corpora falce trahet.

37.

Venite ad me qui onerati estis.

Math., 11.

Venez, et aprez moy marchez,
Vous qui etes par trop chargé.
C'est assez suivy les marchez :
Vous serez par moy dechargé.

Hùc ades, et promptus vestigia nostra sequaris,
  Pondera qui fesso tergore tanta geris.
Jam satis es nummos pro merce forumque secutus :
  Omnibus his curis exoneratus eris.

38.

In sudore vultus tui vesceris pane tuo.

Gen., 4.

A la sueur de ton visage
Tu gaigneras ta pauvre vie.
Aprés long travail, et usaige,
Voicy la MORT qui te convie.

Ipse tibi multo panem sudore parabis.
Præbebit victum nec nisi cultus ager.
Post varios usus rerum vitæque labores,
Finiet ærumnas Mors violenta tuas.

39.

Homo natus de muliere, brevi vivens tempore repletus multis miseriis, qui quasi flos egreditur, et conterritur et fugit velut umbra.

Job, 24.

Tout homme de la femme yssant
Rempli de misere, et d'encombre,
Ainsi que fleur tost finissant,
Sort et puis fuyt comme faict l'umbre.

Omnis homo veniens gravida mulieris ab alvo
  Nascitur ad variis tempora plena malis.
Flos citò marcescens veluti decedit, et ille
  Sic perit, et tanquàm corporis umbra fugit.

40.

Cùm fortis armatus custodit atrium suum, etc... Si autem fortior eo superveniens vicerit eum, universa ejus arma aufert in quibus confidebat.

Luc, 11.

Le fort armé en ieune corps
Pense auoir seure garnison :
Mais MORT plus forte le met hors
De sa corporelle maison.

Fortis et armatus dùm vis et vita supersit,
 Tuta sui servant atria præsidii :
Eccè supervenit junctis Mors fortior armis,
 Hunc male quæ tuta de statione rapit.

Ici commencent les douze images qui manquent à l'édition de 1538, et qui ont été ajoutées à celle de 1547. Nous devons à l'obligeance de M. A. Veupaut la communication des quatrains français qui les accompagnent.

41.

Quid prodest homini, si universum mundum lucretur, animæ autem suæ detrimentum patiatur.

Mat., 16.

Que vault à l'homme, tout le monde
Gaigner d'hazard, et chance experte,
S'il reçoit de sa vie immonde
Par MORT, irreparable perte?

Quid prodest homini totum si sortibus orbem,
 Ac aleæ innumeras arte lucretur opes :
Detrimentum animæ fato patiatur acerbo,
 Nulla quod ars, fraus, sors, post reparare queat!

42.

Ne inebriemini vino, in quo est luxuria.

Ephes., 5.

De vin (auquel est tout exces)
Ne vous enyurez pour dormir
Sommeil de MORT, qui au décès
Vous face l'ame, et sang vomir.

Parcite mortales nimio vos mergere Baccho,
  Cui Venus expumans, luxus et omnis inest :
Ne veniens cogat somno, vinoque sepultos,
  Mors animam vomitu reddere purpuream.

43.

Quasi agnus lasciviens, et ignorans, nescit quòd ad vincula stultus trahatur.
Prov., 7.

Le fol vit en ioye, et deduict
Sans sçauoir qu'il s'en va mourant,
Tant qu'à sa fin il est conduict,
Ainsi que l'agneau ignorant.

Insanire, et scire nihil, suavissima vita est :
 Optima non itidem. Quid furiosus agit?
Securus fati, simplex lascivit ut agnus
 Nescius ad mortis vincula quod trahitur.

44.

Domine, vim patior.

Isaiæ, 38.

La foible femme brigandee,
Crie, ô Seigneur, on me fait force
Lors de Dieu la MORT est mandee,
Qui les estrangle a dure estorce (*Sic*).

Ut jugulent homines surgunt de nocte latrones
  Tollunt quæ plenis fert anus in calathis.
Vim patior, clamat, Mortem mittit Deus ultor,
  Quæ per carnificem strangulat hos laqueo.

45.

Cæcus cæcum ducit : et ambo in foveam cadunt.
Matth., 15.

L'aveugle un autre aveugle guide.
L'un par l'autre en la fosse tombe :
Car quand plus oultre aller il cuide,
La mort l'homme iecte en la tombe.

Pro duce cæcus habet cæcum. Dùm incertus uterque
  Ambulat : in foveam lapsus uterque ruit
Ulterius : nam sperat homo dùm pergere, tumbæ
  In tenebras illum Mors mala præcipitat.

46.

Corruit in curru suo.

I. Chronic, 22.

Au passage de MORT peruerse
Raison, chartier tout esperdu,
Du corps le char, et cheuaux verse,
Le vin (sang de vie) espandu.

Fertur equis auriga, nec audit currus habenas,
  Dùm Mortis pugnat cum ratione timor.
Corporis exiliente rota, devolvitur axis ;
  Vina fluunt ruptis sanguinolenta cadis.

47.

Miser ego homo! quis me liberabit de corpore mortis hujus?

Rom., 7.

Qui hors la chair veult en Christ viure
 Ne craint morr, mais dit un mortel,
Helas, qui me rendra delivre
 Pouure homme de ce corps mortel?

Qui cupit exolvi, et cum Christo vivere, mortem
 Non metuit. Tali voce sed astra ferit:
Infelix ego homo! Quis ab hujus corpore mortis
 Liberet (heu) miserum? me miserum eripiat?

48.

Confodietur jaculis.

Exodi., 9.

L'eage du sens, du sang l'ardeur
Est legier dard, et foible escu
Contre mort, qui vn tel dardeur
De son propre dard rend vaincu.

Hic puer ætate imprudens, est sanguine fervens,
 Cùm parma jaculum (cætera nudus) habet.
Infelix puer, atque impar congressus atroci
 Morti quæ jaculis confodit hunc propriis.

49.

Pueri in ligno corruerunt.
Thren., 5.

Petis enfans vont par la voye
Cheuauchant baston à desrois
Mort les rue ius comme Troye
Perit par vn cheual de bois.

Ludere par impar, equitare in arundine longâ,
Socratico et pueros currere more juvat.
Ecce repente ruunt equites in caudice ligni
Ligneus ut Trojæ pergama vertit equus.

50.

Quorum deus venter est.
Philip., 3.

Comme enfans viuent sans soucy,
Ceux qui font leur dieu de leur ventre
Gros et gras on les porte ; ainsi
Mort les portera secz au centre.

Non secus ac pueri sine sollicitudine viuunt,
　Quorum maximus est venter, et esca Deus.
Quem pinguem et nitidum bene curata cute tollunt
　Fronde coronatum, Mors leve tollet onus.

51.

Fortium divites spolia.

Isaiæ, 3.

Pour les victoires triumphées
Sur les plus forts des humains cœurs,
Les despoilles dresse en trophées
La MORT vaincresse des vainqueurs.

Clara triumphatis hominum victoria summis,
  Ut summos doceat quosqu dedisse manus :
Dividit erectis spolia exarmata trophæis
  Victrix victorum Mors violenta virum.

52.

Omnes stabimus ante tribunal Domini.
Roma, 14.

Vigilate et orate, quia nescitis qua hora venturus sit dominus.
Matth., 24.

Deuant le throne du grand iuge
Chascun de soy compte rendra :
Pourtant veillez, qu'il ne vous iuge,
Car ne sçauez quand il viendra.

Quilibet ut possit rationem reddere, cuncti
  Judicis æterni stabimus ante thronum.
Propterea toto vigilemus pectore, ne cùm
  Venerit, irato judicet ore Deus.
Et quia nemo tenet venturi judicis horam,
  Esse decet vigiles in statione pios.

Les deux dernières images se trouvent dans la première édition comme dans les suivantes.

53.

Memorare novissima, et in e'ernum non peccabis.
Ecles., 7.

Si tu veulx viure sans peché,
Voy ceste image à tous propos,
Et point ne seras empesché,
Quand tu t'en iras à repos.

Si cupis immunem vitiis traducere vitam ,
  Ista sit ante oculos semper imago tuos.
Nam te ventura crebro de morte monebit.
  Quam repetens omni tempore cautus eris.
Da precor ut vero te p ctore Christe colamus :
  Omnibus ad cœlum sic patefiet iter.

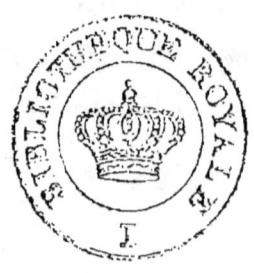

ERRATA.

Page 22, lisez *poursuivre*, au lieu de : *pouruivre*.

Page 49, lisez *porque Judio los diga*, au lieu de : *porque Sudio los diga*.

Page 52, lisez *l'ottava rima*, au lieu de : *l'octava rima*.

— lisez *en esta Çiençia gaya*, au lieu de : *en esta Çiençiá gaya*.

Page 54, lisez GAYA CIENCIA *llamamos*, au lieu de : GAYA SCIENCIA *llamanos*.

Page 60, lisez *il noue ses rondes*, au lieu de : *il forme ses rondes*.

Page 100, lisez *voi sarete come noi*, au lieu de : *voi sarete come voi*.

Page 140, lisez *Catherine Howard*, au lieu de : *Catherine Oward*.

Page 144, lisez *à Bâle et à Hampton-Court*, au lieu de : *a Bâle et Hampton-Court*.

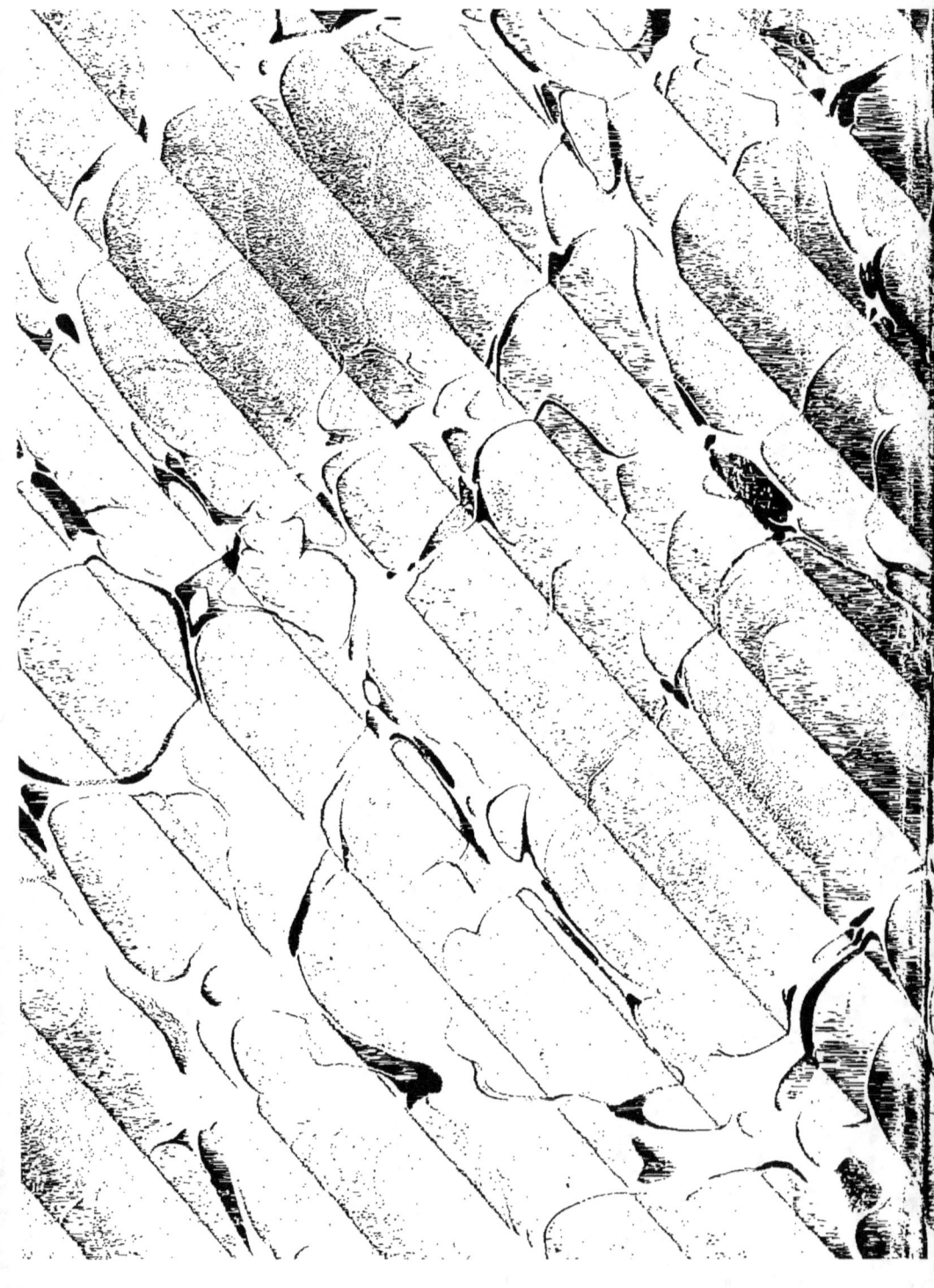

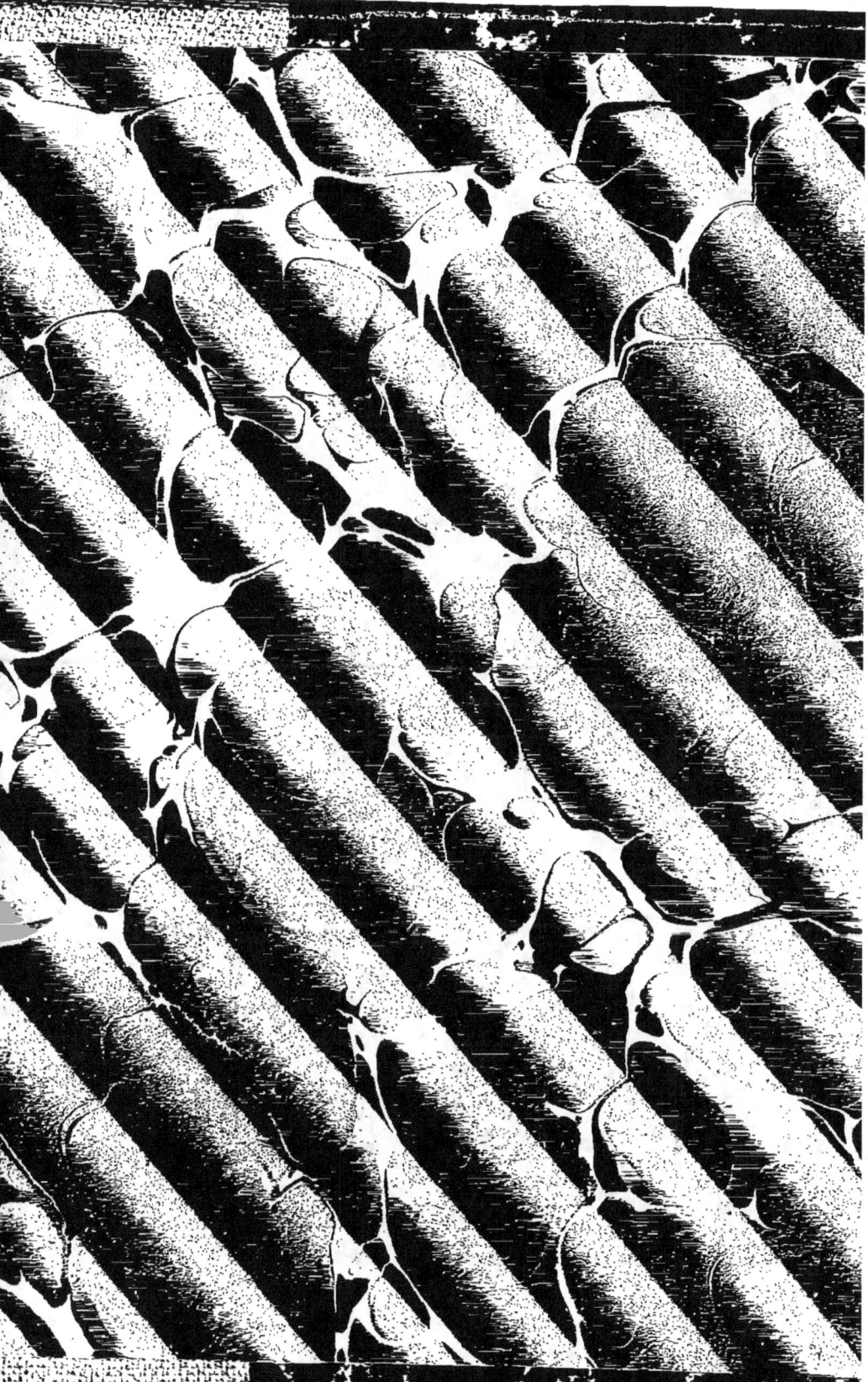

www.ingramcontent.com/pod-product-compliance
Lightning Source LLC
Chambersburg PA
CBHW052243220526
45471CB00001B/177